DICCIONARIO
CON
PRONUNCIACIÓN

DICCIOARIO CON PRONUNCIACION INGLES / ESPAÑOL®
Creado por el Departamento de
Sistemas Educativos
Audiovisuales de
Audio Visual Language, Inc.
201 S.W 27 th Avenue
Miami Fl. 33135
Teléfonos:
Miami: (305) 541-9988
Estados Unidos y Puerto Rico
1-800-843-1442
Dirección de Internet: http://www.avlanguage.com
Dirección de E-mail: audiovl@avlanguage.com

Primera Edicición:	**2004**
Segunda Edición:	**2006**
Tercera Edición:	**2007**
Cuarta Edición:	**2008**
Quinta Edición:	**Feb-2009**
Sexta Edición:	**Jun-2009**
Séptima Edición	**2010**
Octava Edición	**Jun-2010**

INTRODUCCIÓN

Bienvenidos Amigos:

Audio Visual Language, Inc. es una empresa dedicada por más de 25 años a la creación de sistemas y productos creativos para la superación personal. En este caso, nos llenamos de satisfacción en poder brindar a ustedes esta obra, que ha sido pensada y diseñada para apoyarlos y hacer mucho más fácil el aprendizaje del idioma inglés.

Audio Visual Language Inc., aplicando la técnica de transliteración (la representación escrita de los sonidos de un idioma en el alfabeto de otro, de forma tal, en el caso que nos atañe, que leyendo como si fuese castellano usted estará pronunciando en inglés) le da la oportunidad de que siendo un diccionario usted pueda llevarlo consigo sin necesidad de grabadora, "CD player" u otros equipos; usted pueda conocer y a la vez pronunciar correctamente en inglés la palabra que usted esté leyendo.

Esto es una innovadora herramienta en el aprendizaje, que ningún curso o sistema educativo había puesto hasta ahora al alcance de sus alumnos y estudiantes.

Con esta innovación, como ya es costumbre de Audio Visual Language, le estamos facilitando el obtener un mayor aprovechamiento del aprendizaje del inglés, permitiendo, que hasta en sus viajes de negocio y placer lo pueda usar para comunicarse con las personas de habla inglesa.

Una vez más le damos la bienvenida y nos sentimos sumamente orgullosos y agradecidos por usted haber seleccionado nuestro diccionario.

Se ha convertido en una tradición, que su decision sirva de incentivo y motivación a nuestros asociados y personal para esforzarse cada día más en crear y ofrecerle a ustedes productos y soluciones de tan alta calidad, que puedan ayudar a nuestros semejantes a lograr sus deseos de superación.

Felicidades y que disfruten la facilidad de ahora en adelante de comunicarse en inglés.

DICCIONARIO CON PRONUCIACION

ABECEDARIO	PRONUNCIACIÓN
A	(éi)
B	(bi)
C	(sí)
D	(dí)
E	(i)
F	(ef)
G	(yí)
H	(éich)
I	(ái)
J	(yéi)
K	(kéi)
L	(él)
M	(ém)
N	(én)
O	(óu)
P	(pí)
Q	(kiú)
R	(ar)
S	(es)
T	(tí)
U	(iú)
V	(ví)
W	(dobliú)
X	(ex)
Y	(uaí)
Z	(zzdí)

Inglés	Pronunciación	Español
a	e	un – una
a lot	e lat	mucho-a
aback	ábeck	sorprenderse
abandon	abándon	abandonar
abase	abeís	rebajarse
abashed	abásht	humillado - avergonzado
abate	abeít	bajarse-aplacarse - disminuir
abbey	ábi	abadia
abbot	ábet	abad
abdicate	ábdikeit	renunciar - abdicar
abdomen	ábdemen	abdomen
abduct	abdóct	raptar - secuestrar
abhor	abjór	aborrecer - detestar
ability	abíliti	aptitud - habilidad
abjure	abyúr	adjuro
able	éibol	capaz
aboard	abóard	a bordo
abolition	abolishon	abolición
abort	abórt	suspender - abandonar
abortion	abórshon	aborto
about	abáut	acerca de
above	abóv	sobre - encima
Abraham	éibrajam	Abraham
abroad	abród	en el extranjero
abrupt	abrópt	repentino - brusco
abscess	ábses	absceso - tumor
absence	ábsens	ausencia - falta
absent	ábsent	ausente
absolute	ábsolut	completo - absoluto
absolutely	ábsolutli	completamente
absolve	absólv	absolver - perdonar
absorb	absórb	absorber
abstain	abstèin	abstenerse
abstract	ábstract	abstracto
absurd	absórd	absurdo - rídiculo
abundance	abóndans	abundancia
abuse	abíus	abuso

Inglés	Pronunciación	Español
abyss	abís	abismo
academic	académic	académico
academy	acádemi	academia
accede	acsíd	acceder - consentir
accelerate	acsélereit	acelerar
accelerator	acsélereitor	acelerador
accent	áksent	acento
accept	aksép	aceptar
acceptable	akséptebel	aceptable
acceptance	accéptans	aceptación
access	ákses	acceso
accessible	aksésibol	accesible
accessory	aksésori	accesorio
accident	áksiden	accidente
acclaim	akléim	aclamar
acclamation	akleméishon	aclamación
acclimatize	akláimatais	aclimatar
accommodate	akómodeit	acomodar - servir
accommodation	akomadéishon	servicio - alojamiento
accompaniment	akómpaniment	acompañamiento
accompany	akómpani	acompañar
accomplish	akómplish	cumplir - lograr
accomplished	akómplisht	cumplido
accord	akórd	convenio - acuerdo
accordance	akórdans	conformidad
according	akórding	de acuerdo
accordingly	akórdingli	conformidad
account	acáunt	dar cuenta
accountable	akáuntebol	responsable
accountant	akáuntant	contador
accredit	akrédit	acreditar
accrue	akrú	acumular
accusation	akiuséishon	acusación
accuse	akiús	acusar
accuser	akiúser	acusador
accustom	akóstom	acostumbrar
ache	éik	dolor

Inglés	Pronunciación	Español
achieve	achív	realizar
achievement	achívment	ejecución
acid	ásid	ácido
acknowledge	aknólich	reconocer
acorn	ékorn	bellota
acquaint	akuéint	informar - conocer
acquaintance	akuéintens	informar - conocer
acquiesce	akuiés	asentir
acquire	akuáir	adquirir
acquisition	akuisíshon	adquisición
acquit	akuít	absolver - exonerar
acre	éiker	acre
acrobat	ákrobat	acróbata
across	akrós	a través de
act	akt	acto
acting	áktin	suplente - actuando
action	ákshon	acción
active	áktiv	activo
Actor	áktor	actor
actress	áktres	actriz
actual	ákchual	real - verdadero
acute	akiút	agudo
ad	ad	anuncio
adapt	adápt	adaptar
adaptation	adaptéishon	adaptación
add	ad	sumar
addict	ádict	adicto
addition	adíshon	suma
additional	adíshonal	adicional
address	ádres	dirección
addressee	adresí	destinatario
adequate	ádekueit	adecuado
adhere	adjír	adherirse
adherence	adjírens	adherencia
adhesion	adjíshon	adhesión
adhesive	adjísiv	adhesivo
adjacent	adyácent	adyacente

Inglés	Pronunciación	Español
adjective	ádyetiv	adjetivo
adjoin	adyóin	unir
adjourn	adyérn	diferir
adjustment	adyóstment	ajuste
administer	admínister	administrar
administration	administréishon	administración
administrative	admínistraitiv	administrativo
admiral	ádmiral	almirante
admire	admáir	admirar
admirer	admáirer	admirador
admission	admíshon	admisión
admit	admít	admitir
admittance	admítans	entrada
admitting	admítin	forma progresiva (to admitr)
admonish	admónish	amonestar
adolescence	ádolesens	adolescencia
adopt	adópt	adoptar
adopted	adópted	adoptada
adoption	adópshon	adopción
adoration	adoréishon	adoración
adore	adór	adorar
adorn	adórn	adornar
Adri	éidri	nombre propio
adrift	adríft	a la deriva
adroit	adróit	hábil
adult	adólt	adulto
adulterate	adóltereit	adulterar
adultery	adólteri	adulterio
advance	adváns	adelanto - avance
advancement	advánsment	adelantamiento
advantage	advántich	ventaja
advent	ádvent	advenimiento
adventure	advénchur	aventura
adverb	ádverb	adverbio
adversary	ádversari	adversario
adverse	advérs	adverso
adversity	advérsiti	adversidad

Inglés	Pronunciación	Español
advertise	advertáis	anunciar
advertisement	advertáisment	anuncio
advertising	ádvertaising	publicidad
advice	adváis	consejo
advise	adváis	avisar
advises	adváizes	aconseja
advocate	ádveket	abogado
afar	afár	distante
affair	afér	negocio
affairs	aférs	asuntos
affect	afékt	afectar - fingir
affection	afékshon	afecto
affiliate	afíliet	afiliarse
affinity	afínity	afinidad
affirm	aférm	afirmar
affirmative	aférmativ	afirmativo
affix	afíx	añadir
afflict	aflíct	afligir
affront	afrónt	afrenta
afoot	afút	en preparación
afraid	efréid	miedo
Africans	áfrikens	Africanos
African	áfrikan	africano
after	áfter	después
afternoon	afternún	la tarde 12m a 5:59p
afterwards	áfteruerds	después
again	eguéin	otra vez - nuevamente
against	eguénst	en contra de
againts	aguéints	contra
age	éich	edad
agency	éiyensi	agencia
agent	éillent	agente
aggrandize	ágrandais	agrandar
aggravate	ágreveit	agravar
aggregate	ágregueit	agregar
aggression	agréshon	agresión
aggressive	agrésiv	agresivo

Inglés	Pronunciación	Español
aggressor	agrésor	agresor
agitate	áyiteit	agitar
ago	egóu	pasado-atrás-hace(tiempo)
		hace(tiempo)
agonize	ágonais	agonizar
agony	ágoni	agonía
agree	agrí	concordar
agreeable	agríabol	agradable
agreement	agríment	acuerdo
agrees	agrís	consentir - consentimiento
agriculture	ágricolcher	agricultura
ahead	ajéd	delante
aid	éid	ayuda
aide	éid	ayudante
aim	éim	puntería
aimless	éimles	sin propósito
air	éar	aire
aircraft	éarkraft	avión
airlines	éarláins	línea aérea - Aerolinea
airplane	éarplein	avión
airport	éar-port	aeropuerto
airship	érship	aeronave
aisle	áeol	asiento de pasillo
alarm	alárm	alarma
alarm clock	alárm klok	reloj despertador
alas	alás	ay (exclamación)
Alaska	aláska	Alaska
Albany	albani	capital estado de New York
albert	albert	nombre propio
alcohol	alkajól	alcohol
alcoholic	alkojólik	alcohólico
alderman	ólderman	concejal
alert	alért	alerta
alien	élien	extranjero
alienate	élieneit	enajenar
alike	aláik	semejante
alive	aláiv	vivo

Inglés	Pronunciación	Español
all	ol	todo-a - todos-as
allege	álech	alegar
allegiance	alíyans	lealtad
allergy	áleryi	alergia
alleviate	alívieit	aliviar
alley	áli	callejón
allied	aláid	aliado
alligator	áligeitor	caimán
allot	alét	asignar
allow	aláu	permitir
almanac	álmanak	almanaque
allowance	aláuans	asignación
alloy	áloi	aliar-unir - ligar
almond	ámond	almendra
almost	ólmost	casi
alms	olms	limosna
alone	alón	solo
along	alóng	a lo largo de
aloof	alúf	lejos - alejado
aloud	aláud	alto - en alta voz
alphabet	alfábet	alfabeto - abecedario
already	ólredi	ya
also	ólso	también
alter	ólter	alterar
although	oldó	aunque
altitude	áltitiud	altitud - altura
altogether	oldtogézer	enteramente
aluminum	alúminum	aluminio
always	ólueis	siempre
am	ám	1ra.pers.pres.ind.to be
amateur	ámater	principiante
amaze	améis	asombrar
amazed	améisd	asombrado - atónito
amazing	améising	asombroso
ambassador	ambásador	embajador
amber	ámber	ámbar
ambiguous	ambíuous	ambiguo

Inglés	Pronunciación	Español
ambition	ambíshon	ambición
ambush	ámbush	emboscada
amend	aménd	emendar
amendment	améndment	enmienda
amendments	améndments	enmiendas
America	américa	America
American	amérikan	Americano
American Indian	amérikan índian	Indio Americano
americans	amérikens	norteamericano estadounidense
amethyst	ámezist	amatista
amiable	émiebol	amable
amicable	ámicabol	amistoso
amid	amíd	mezclado con
ammonia	amónia	amoniaco
ammunition	amiuníshon	munición
amnesty	ámnesti	amnistía
among	amóng	entre (más de dos)
amount	amáunt	suma
ample	ámpol	amplio
amputate	ámpiuteit	amputar
amuse	amiús	divertir
amusement	amiúsment	diversión
amusing	amiúsing	divertido
an	an	un - una
analogous	análogos	análogo
analysis	análesis	análisis
analyze	ánalais	analizar
anarchy	ánarki	anarquía
anatomy	anátomi	anatomía
ancestor	ánsester	ascendientes
ancestry	áncestri	abolengo - linaje
anchor	ánker	ancla
anchovy	áchovi	anchoa
ancient	énshent	antiguo
and	and	y
Andrew	ándru	Andrew
Andrew Jackson	endriu jakson	nombre propio

Inglés	Pronunciación	Español
anecdote	**ánekdout**	anécdota
anesthetic	**aneszetic**	anestésico
anew	**aniú**	nuevamente
angel	**ényel**	angel
anger	**ánger**	ira - cólera
angina	**ányina**	angina
angle	**angol**	angulo
angry	**ángri**	enojado
anguish	**ánquish**	angustia
animal	**ánimal**	animal
animate	**ánimeit**	animar
animosity	**animósiti**	animosidad
ankle	**ánkol**	tobillo
ankles	**ánkols**	tobillos
Ann	**ann**	Ann
annexation	**anexéshon**	anexión
Annie	**enie**	nombre propio
annihilate	**enáialeit**	aniquilar
anniversary	**anivérsari**	aniversario
annotation	**anotéishon**	acotación - nota
announce	**anáuns**	proclamar
announcement	**anáunsment**	aviso - declaración
annoy	**anói**	fastidiar
annoyance	**anóians**	fastidio
annual	**ániual**	anual
anon	**anón**	pronto
anonymous	**anónimos**	anónimo
another	**anóder**	otro mas
answer	**ánser**	contestar
answered	**ánserd**	pasado (answer)
ant	**ánt**	hormiga
antagonism	**antágonisem**	antagonismo
antecedent	**antesídent**	antecedente
antelope	**ánteloup**	antílope
antenna	**anténa**	antena
anterior	**antirior**	anterior
anthem	**ánzem**	Himno

Pág 13

Inglés	Pronunciación	Español
anticipate	antísipeit	anticipar
antidote	ántidot	antídoto
antipathy	antípazi	antipatía
antiquated	ánticueitid	anticuado
antique	antík	antiguo
antiquity	antíkuiti	antigüedad
antiseptic	antiséptik	antiséptico
antisocial	antisóshal	antisocial
anxiety	anksáieti	ansiedad
any	éni	cualquier
anybody	énibodi	alguien
anyhow	énijau	de todos modos
anyone	éni-uán	alguien - cualquier persona
anything	énizin	algo - alguna cosa
anyway	éni uéi	de todos modos
anywhere	éniuear	en cualquier parte
apart	apárt	aparte
apartment	apártment	apartamento
apathy	ápazi	apatía
ape	éip	mono
aperture	ápershur	abertura
apex	éipex	ápice
apologize	apóloyais	disculpase
apoplexy	ápoplecsi	apoplejía
appail	epól	aterrorizar
apparatus	aparátes	aparato
apparel	apárel	ropa
apparent	apárent	aparente
apparition	aparishon	aparición
appeal	apíl	apelación
appear	apier	aparecer
appearance	apirans	apariencia
appearances	apírenzis	apariencias
appendix	apéndiks	apéndice
appertain	apertéin	pertenecer
appetite	apetáit	apetito
appetizer	apetáiser	aperitivo

Inglés	Pronunciación	Español
applaud	aplód	aplaudir
applause	aplós	aplauso
apple	ápol	manzana
appliance	apláians	herramienta
application	aplikéishon	aplicación-petición - solicitud
apply	aplái	aplicar - emplear
appointment	apóintment	cita
appraisal	apréisol	tasación
appraise	apréis	avaluar
appreciable	apríshabol	apreciable
appreciate	apríshieit	apreciar
appreciation	aprishiéishon	apreciación
apprehend	aprejénd	aprehender
apprentice	apréntis	aprendiz
approach	apróuch	aproximar
approaches	apróuches	acercarse a-aproximarse a abordar - dirigirse a
approbation	aprobéishon	aprobación
appropriate	apróprieit	apropiado
approval	aprúval	aprobación
approve	aprúv	aprobar
approximate	aprócsimet	aproximado
apricot	ápricot	albaricoque
April	éiprel	Abril
apron	éipren	delantal
apropos	apropó	a propósito
apt	apt	apto - capaz
aptitude	áptitud	aptitud
aquarium	akuériom	acuario
aqueduct	ákuedokt	acueducto
arbiter	árbiter	árbitro
arbitrary	árbitreri	arbitrario
arbitrate	árbitreit	arbitrar
arbor	árber	tambor
arc	ark	arco
arcade	arkéid	arcada
arch	arch	arco

Inglés	Pronunciación	Español
archbishop	**archbíshop**	arzobispo
archipelago	**arkipélago**	archipiélago
architect	**arkitect**	arquitecto
ardent	**árdent**	ardiente
ardor	**árdor**	ardor
arduous	**árduous**	arduo
are	**ar**	2da.pers.pres.sing.(to be) 1ra 2da 3ra.pers.pres.pl.(to be)
area	**éria**	área
aren't	**árent**	contracción (are not)
arena	**arína**	arena
argentinians	**aryentínians**	argentinos
argue	**árqiu**	discutir
argument	**árgiument**	argumento
arid	**árid**	árido
arise	**aráis**	levantarse
aristocracy	**aristocracy**	aristocracia
Arizona	**árizouna**	estado de U.S.
ark	**ark**	arca
arm	**arm**	brazo
armada	**armáda**	armada
armature	**ármachur**	armadura
armchair	**ármchear**	sillón
armed	**ármd**	armada
armistice	**ármistis**	armisticio
armor	**ármer**	armadura
armory	**ármori**	armería
armpit	**ármpit**	sobaco
arms	**arms**	brazos
army	**ármi**	ejercito
aroma	**aróma**	aroma
around	**aráund**	alrededor
arouse	**aráus**	despertar
arraign	**arréin**	acusar
arrange	**arréinch**	arreglar
arrangement	**arréinchment**	arreglo
array	**arréi**	formación

Inglés	Pronunciación	Español
arrears	arrírs	atrasos
arrest	arrést	arresto
arrival	arráivol	llegada - arribo
arrive	aráiv	llegar
arrived	aráivd	pasado(to arrive)-part.pasado (to arrive)
arrogance	árrogans	arrogancia
arrogant	árogant	arrogante
arrow	árrou	saeta - flecha
arsenal	ársenal	arsenal
arsenic	ársenik	arsénico
art	art	arte
artery	árteri	arteria
artichoke	ártichoc	alcachofa
article	ártikol	articulo
articulate	artíiuleit	articular
artifice	ártifis	artificio
artificial	artifishal	artificial
artillery	artíleri	artillería
artisan	artisan	artesano
Artist	ártist	Artista
as	as	tan - como
as much as	as moch as	tanto como
ascension	asénshon	ascencion
ascent	asént	subida
ash	ash	cenizas
ashamed	ashéimd	avergonzado
ashore	ashór	a tierra - encaballar
ashtray	áshtrei	cenicero
aside	asáid	aparte - anular
ask	ask	preguntar
asked	askt	pasado (to ask)
asleep	aslíp	dormido
asparagus	aspáragos	espárrago
aspect	áspect	aspecto
asphalt	ásfalt	asfalto
aspiration	aspiréishon	aspiración

Inglés	Pronunciación	Español
aspirations	aspireíshons	aspiración
aspire	aspáir	aspirar
assail	aséil	asaltar
assassin	asásin	asesino
assassination	asesinéishon	asesinato
assault	asólt	asalto
assay	aséi	ensayo - toque
assemble	asémbol	congregar
assembly	asémbli	asamblea
assent	asént	asentimiento
assign	asáin	asignar
assignment	asáinment	asignación
assimilate	asímileit	asimilar
assist	asíst	asistir
assistance	asístans	asistencia
assistant	asístant	asistente
associate	asóshieit	socio - asociar
association	asosiéishon	asociación
assort	asórt	ordenar
assorted	asórtid	surtido
assume	asiúm	asumir
assumption	asómpshon	suposición
assurance	ashúrans	seguridad
assure	ashúr	asegurar
astonish	astónish	asombrar
astonishing	astónishing	asombroso
astound	astáund	pasmar
astronomy	astrónomi	astronomía
astute	astiút	astuto
asylum	asáilom	asilo
at	at	en(lugar determinado)
at last	at last	al fin
ate	éit	pasado (to eat)
atheist	éiziest	ateo
athlete	ázlit	atleta
athletic	azletík	atlético
Atlantic	atlántik	Atlántico

Inglés	Pronunciación	Español
atlas	átles	atlas
atmosphere	átmesfir	atmósfera
atom	átom	átomo
atone	atóun	expiar
atrocity	atruásiti	atrocidad
attach	atách	unir
attachment	atáchment	adhesión
attack	aták	atacar
attain	atéin	conseguir
attainment	atéinment	obtención
attempt	atémpt	intento
attend	aténd	asistir
attendance	aténdans	presencia
attendant	aténdant	sirviente
attention	aténshon	atención
attest	atést	atestiguar
attic	átik	desván
attire	atáir	ataviar-adorno - ropa
attitude	átetud	actitud
attorney	atérni	apoderado-abogado
attract	atrákt	atraer
attraction	atrákshon	atracción
attractive	atráktiv	atractivo
attribute	atríbiut	atributo
auction	ókshon	subasta
audacious	odéishos	audaz
audacity	odásiti	audacia
audience	ódiens	público
auditor	óditor	interventor
auditorium	oditóriom	auditorio
auger	óger	barrena
aught	ót	nada
augment	ogment	aumentar
augur	óger	augur
August	ágost	Agosto
aunt	ánt	tia
aunts	ánts	tias

Inglés	Pronunciación	Español
auspicious	ospishos	próspero
Austin	ostin	Capital del estado de Texas
author	ózer	autor
authority	ozóriti	autoridad
authorize	ózorais	autorizar
authotity	ozóriti	autoridad
auto	áuro	auto
automatic	otomátik	automático
automobile	otomobíl	automóvil
Autumn	ótum	Otoño
avail	avéil	aprovechar
available	avéilabol	disponible
avarice	ávaris	avaricia
avenge	avénch	vengar
avenger	avéncher	vengador
avenue	áveniu	avenida
averse	avérs	adverso
aversion	avérshon	aversión
aviation	aviéishon	aviación
aviator	eiviéiter	aviador
avocado	avokáro	aguacate
avoid	avóid	evitar
avow	aváu	confesar
avowal	aváual	declaración
awake	auéik	despierto
award	auórd	sentencia
away	euéi	fuera-afuera - lejos
awful	óful	terrible
awhile	auáil	por un rato
awl	ol	lesna
axe	aks	hacha
axis	áksis	eje
axle	áksol	eje
azure	áshur	azul celeste

Inglés	Pronunciación	Español
babble	bábol	murmullo-balbuceo-parlotear
babe	béiv	nene - niño
baboon	babún	gorilla
baby	béibi	niño-nene - bebé
babysitter	béibisirer	cuida niños - nana
bachelor	bashler	soltero - licenciatura
back	bak	atrás-espalda - lomo
backache	bak éik	dolor de espalda
backbone	bák-bóun	columna
backer	báker	sostenedor
background	bákgraund	antecedentes - experiencia
backwards	bácuards	hacia atrás
backyard	bákyard	patio posterior
bacon	béikén	tocineta
bad	bad	malo-a
badness	bádnes	maldad
baffle	báfol	frustar - impedir
bag	bag	bolsa
baggage	báguish	equipaje
bags	bágs	bolsa-cartera - maleta
bail	béil	fianza
bait	béit	cebo - anzuelo
bake	béik	hornear
baked	béikd	horneado
Baker	béiker	Panadero
bakery	béikeri	panadería
balance	bálans	balanza - equilibrio
balcony	bálconi	balcon
bald	bóld	calvo
Baldoquin	báldoquin	nombre propio
balk	bok	oponerse - frustar
ball	bol	pelota
ballot	bálot	papeleta para votar
balsam	bólsam	bálsamo
bamboo	bambú	mambú
ban	ban	procláma
banana	banána	plátano

Inglés	Pronunciación	Español
band	**band**	banda - venda
bandage	**bándeich**	venda - vendaje
bandit	**bándit**	bandido
banish	**bánish**	desterrar - deportar
banister	**bánister**	baranda - pasamano
bank	**bank**	banco
banker	**bánker**	banquero
bankrupt	**bánkropt**	en quiebra
bankruptcy	**bánkroptsi**	bancarrota - quiebra
banner	**báner**	bandera
banquet	**bánkuet**	banquete
baptism	**báptisom**	bautizo
bar	**bar**	barra-barrote - tranca
barbecue	**bárkekiu**	barbacoa
Barber	**bárber**	Barbero
bare	**bér**	desnudo
barefoot	**bérfut**	descalzo
barely	**bérli**	apenas - escasamente
bargain	**bárgin**	convenio-pacto - barata
bark	**bark**	ladrido
barley	**bárli**	cebada
barn	**barn**	granero
barnyard	**bárniard**	corral
barometer	**barómerer**	barómetro
barracks	**bárracks**	barraca
barren	**bárren**	estéril - árido
barricade	**bárrikeid**	barricada
bartender	**bartender**	barman - camarero
base	**béis**	base
baseball	**béisbol**	juego de pelota
basement	**béisment**	sótano
basic	**béisik**	basico
basin	**béisn**	palangana - estanque
basis	**béisis**	base - cimiento
basket	**básket**	cesta - canasta
basketball	**básketbol**	baloncesto
bastard	**bástard**	bastardo

Inglés	Pronunciación	Español
bat	bat	murciélago - palo
bath	baz	baño - bañadera
bathe	bez	bañarse
bathroom	bazrum	cuarto de baño
bathtub	báztob	bañadera
Baton Rouge	báton rúch	Capital estado de Louisiana
battalion	batálion	batallón
battery	báteri	batería
battle	bátol	batalla
battlefield	bátolfild	campo de batalla
bawl	bol	grito - aullar
bay	béi	bahía
bazaar	bissár	bazar-raro - extravagante
be	bi	ser - estar
be afraid	bi efréid	tener miedo
be born	bi born	nacer
be-elected	rí ilécted	reelegido
beach	bich	playa
beacon	bíkon	faro-almenara - baliza
beak	bik	pico de ave - hocico
beam	bím	rayo - emitir
bean	bin	judía - habichuela
beans	bins	frijoles
bear	béar	oso
beard	bird	barba-aristas de trigo o maíz
bearer	béarer	mensajero - portador
bearing	bérin	relación-orientarse - cojinete
beast	bist	bestia
beat	bit	pulsación - golpe
beating	bíting	paliza - zurra
beautiful	biútiful	bello-a
beauty	biúti	belleza - hermosura
beaver	bíver	castor
became	bikéim	pasado de (become)
because	bicós	porque
become	bikóm	hacerse-llegar a ser-part.pas.
becomes	bicóms	pasa a ser - volverse

Inglés	Pronunciación	Español
becoming	bicómin	apropiado - tornandose
bed	bed	cama
bedbug	bédbog	chinche
bedclothes	bédclouzs	ropa de cama
bedding	béding	colchones - ropa de cama
bedroom	bed rum	dormitorio - recámara
bedrooms	bédrums	dormitorios
beds	beds	camas
bedspread	bédspred	colcha
bee	bíi	abeja
beech	bich	haya
beef	bíf	carne de res
beefsteak	bífstek	bistec
been	bin	part.pasado de (to be)
beer	bíer	cerveza
beet	bit	remolacha
beetle	bitol	escarabajo
before	bifóar	antes
beforehand	bifórjand	de antemano
beg	beg	mendigar - pordosear
began	bigán	pasado(begin)
beggar	béguer	mendigo - pordosiero
begin	biguín	empezar
beginning	biguíning	comenzando - empezando
begins	biguíns	comienza
begun	bigón	part.pasado(begin)
behalf	bijáf	a favor
behave	bijéiv	conducirse - proceder
behavior	bijéivior	conducta - comportamiento
behind	bijáind	detrás
being	bíing	ser
beings	bins	existencia - ser
Belgian	bélyian	Belga
belief	bilíf	principio - creencia
believable	bilívabol	creíble
believe	bilív	creer
bell	bel	campana-timbre - cencerro

Inglés	Pronunciación	Español
Bell Boy	bel bói	Botones
bellboy	bélboi	botones - mozo de hotel
belly	béli	vientre - barriga
belong	bilóng	pertenecer
belongings	bilónguings	bienes - pertenencias
belongs	bilóns	pertenecer - ser miembro
beloved	bilóvd	querido
below	bilóu	abajo - debajo
belt	belt	cinturón
bench	bench	banco (sentarse)
bend	bend	curva
beneath	biníz	debajo de - abajo
benefit	bénefit	beneficio
benign	bináin	benigno
berry	bérri	baya
berth	berz	litera
beside	bisáid	al lado de
besides	bisáids	ademas
best	bést	lo mejor
bet	bet	apostar-pasado (to bet) part.pasado(bet)
betray	bitréi	traicionar
better	béter	mejor (comp.)
betting	betin	apuestas -forma progresiva (to bet=apostar)
between	bituín	entre dos
beverage	béverich	bedida
beware	bíuear	tener cuidado - cuidado
bewitch	biuích	hechizar
beyond	biyónd	más allá
bias	báias	prejuicio
bib	bib	babero
bicycle	báisikol	bicicleta
bier	bier	féretro
big	big	grande
bigamy	bígami	bigamia
biggest	bíguest	grande

Inglés	Pronunciación	Español
bile	**báil**	bilis
bill	**bil**	cuenta - billete de banco
billboard	**bílbord**	cartelera
billiards	**bíliards**	billar
billion	**bílion**	billón
bills	**bils**	proyectos de ley
bin	**bin**	arca - depósito
bind	**báind**	atar - unir
biography	**baíografi**	biografía
birch	**berch**	abedul
bird	**berd**	ave - pájaro
birth	**berz**	nacimiento
birthday	**bérzdei**	cumpleaños
birthright	**bérzrait**	derechos de nacimiento
biscuit	**bískit**	bizcocho
bishop	**bíshop**	obispo
bison	**báison**	búfalo - bisonte
bit	**bit**	pasado de (bite)
bitch	**bitch**	ramera
bite	**báit**	morder
bitten	**bíten**	part.pasado de (bite)
bitter	**bíter**	amargo
black	**blak**	negro
blackberry	**blákberri**	mora
blackbird	**blákberd**	mirlo
blackboard	**blákbord**	pizarrón
blackhead	**blákjed**	espinilla
blackmail	**blákmeil**	chantaje
blacksmith	**bláksmiz**	herrero
bladder	**bláder**	vejiga
blade	**bléid**	hoja de navaja
blame	**bléim**	culpa
blank	**blánk**	en blanco
blanket	**blánket**	frazada
blast	**blast**	ráfaga de viento
blaze	**bléis**	llama
bleak	**blíik**	apático - depresivo

Inglés	Pronunciación	Español
bleat	blit	balido
bleed	blid	sangrar
blemish	blémish	mancha
blend	blend	mezcla
bless	bles	bendecir
blew	blu	pasado de (blow)
blind	bláind	ciego
blink	blink	pestañeo
blister	blíster	ampolla
block	blok	bloque
blockade	blokéid	bloqueo
blond	blond	rubio
blonde	blond	rubio
blood	blod	sangre
bloodshed	blódshed	derramatiento de sangre
bloom	blum	florecimiento
blossom	blósom	flor - capullo
blot	blot	manchar de tinta
blouse	bláus	blusa
blow	blóu	soplar
blown	blon	part.pasado de (blow)
blowout	blóaut	reventón
blue	blú	azul
bluff	blof	acantilado
blur	blor	borrón
blush	blosh	rubor - bochorno
boar	bóar	jabalí
board	bord	tabla - junta
boarding	bórding	el subir
boast	bóust	jactancia
boat	bóut	bote
Bob	bob	Bob
bobwhite	bob-uáit	codorniz
body	bódi	cuerpo
bog	bog	pantano - ciénaga
Bohemian	bijímian	bohemio
boil	boil	hervor

Inglés	Pronunciación	Español
bold	**bold**	atrevido
Bolshevik	**bólshevik**	bolchevique
bolt	**bolt**	cerrojo
bomb	**bomb**	momba
bombard	**bombárd**	bombardear
bombardier	**bombardíer**	bombardero
bonbon	**bónbon**	mombón
bond	**bond**	lazo
bondage	**bóndich**	esclavitud
bone	**bóun**	hueso
boneless	**bónles**	sin hueso
bones	**bóuns**	huesos
bonnet	**bónet**	gorra
bonus	**bóunis**	gratificación
book	**buk**	libro
bookcase	**bukeis**	armario
Bookkeeper	**búkkíper**	Tenedor de libros - contador
books	**buks**	libros
bookseller	**búkseler**	librero
bookshelf	**búkshelf**	estante
bookshop	**búkshop**	librería
bookstore	**búkstor**	librería
boom	**bum**	estampido - alza
boost	**bust**	empuje
boot	**búut**	bota
bootblack	**búutblak**	limpiador de botas
booty	**búti**	botín
border	**border**	orilla
borders	**bórders**	fronteras
bore	**bor**	taladro - aburrido
boring	**bóring**	aburrido
born	**bórn**	nacido
borrow	**bórrou**	tomar prestado
borrower	**bórrouer**	prestatario
bosom	**búsem**	seno
boss	**bos**	jefe
both	**bóuz**	ambos

Inglés	Pronunciación	Español
bottle	bóttol	botella
bottom	bótom	fondo-parte inferior - abajo
bought	bot	pasado- part.pasado (buy)
bounce	báuns	salto - brinco
bound	báund	límite
boundary	báundari	límite - frontera
bountiful	báuntiful	dadivoso
bounty	báunti	generosidad
bouquet	buké	ramo
Bourbon	bérban	borbón - borbónico
bow	bóu	arco
bowels	báuels	entrañas
bowl	bóul	recipiente
box	box	caja
boxer	bóxer	boxeador
boxing	bóksing	boxeo
boy	bói	niño
boycott	bóikot	boicotear
boyfriend	bóifrend	amigo
boyhood	bóijud	niñez
boys	bóis	niños
brace	bréis	traba
bracelet	bréislet	brazalete
braid	bréid	trenza
brain	bréin	cerebro
brains	bréins	sesos
brake	bréik	freno
bran	bran	salvado
branch	bránch	rama
branches	bránches	ramas
brandy	brandi	coñac
brass	bras	latón
brassiere	brasír	corpiño
brave	bréiv	valiente
brawl	brol	alboroto
bread	bred	pan
break	bréik	romper

Inglés	Pronunciación	Español
breakfast	**brékfast**	desayuno
breast	**brest**	pechuga
breath	**brez**	aliento
brick	**brik**	ladrillo
bride	**bráid**	novia
bridge	**bridch**	puente
briefcase	**brifkéis**	cartera - maletín
bright	**bráit**	brillante
bring	**bring**	traer - llevar
british	**brítich**	británico
broad	**brád**	amplio
broiled	**bróild**	asar a la parrilla
broke	**bróuk**	pasado de (break)
broken	**bróuken**	part.pasado de (break)
broom	**brum**	escoba
brother	**bróder**	hermano
brother in law	**bróder in ló**	cuñado
brothers	**broders**	hermano
brought	**brot**	pasado de (bring)
		part.pasado de (bring)
brow	**bráu**	ceja
brown	**bráun**	marrón - castaño
bruise	**brus**	moretón
brush	**brosh**	cepillo
brushed	**bróshd**	afelpado
bubble	**bobol**	burbuja
buccaneers	**bokaníers**	bucanero - emprendedor/a
buck	**bok**	gamo
bucket	**bóket**	cubo
buckle	**bókol**	hebilla
bud	**bod**	botón - yema
buddy	**bódi**	camarada
budget	**bódyet**	mochila - presupuesto
buffalo	**bófalou**	búfalo
buffoon	**bofún**	bufón - payaso
bug	**bug**	insecto
bugle	**blúgol**	corneta

Inglés	Pronunciación	Español
build	**bild**	construir
builder	**bilder**	constructor
building	**bílding**	edificio
built	**bilt**	pasado de (build)
		part.pasado de (build)
bulb	**bulb**	bulbo
bulk	**bolk**	bulto - volumen
bull	**bul**	toro
bulldog	**búldog**	perro de presa
bullet	**búlet**	bala
bulletin	**búletin**	boletín
bullion	**búlion**	lingotes de oro o plata
bum	**bom**	holgazán
bumblebee	**bómbolbi**	abejorro
bump	**bomp**	tope - choque
bumper	**bómper**	defensa del auto
bun	**bon**	bollo de pan
bunch	**bonch**	manojo
bungalow	**bángalou**	casa de un piso
bunion	**bónion**	juanete
bunk	**bonk**	litera
bunny	**bóni**	conejito
burden	**bórden**	carga - peso
Burdines	**berdáins**	Burdines
bureau	**biúro**	oficina - escritorio
burglar	**bórglar**	ladrón
burglary	**bórglari**	robo
burial	**bérial**	entierro - sepelio
burlap	**bérlap**	tela burda
burn	**bern**	quemadura
burned	**bérnd**	quemada
burst	**berst**	reventón
bus	**bas**	autobús
bush	**bush**	arbusto
business	**bísnes**	negocio
bust	**bost**	busto
busy	**bísi**	ocupado

Inglés	Pronunciación	Español
but	**bot**	pero - excepto
butcher	**búcher**	carnicero
butter	**boter**	mantequilla
butterfly	**bóterflái**	mariposa
buttocks	**bótocs**	nalgas
button	**botón**	botón
buttonhole	**bótonjol**	ojal
buy	**bái**	comprar
buyer	**báier**	comprador
buys	**báis**	3ra.pers.pres.sing. (to buy=comprar)
buzz	**bóos**	zumbido
buzzer	**bózer**	timbre
by	**bái**	por
by all means	**bái ol mins**	de cualquier manera
by-product	**báiprodact**	derivados
bye	**bái**	adios - hasta luego
bylaw	**báilo**	estatuto
bypass	**báipas**	rodeo - desvío
bypath	**báipaz**	senda - vereda
bystanders	**báistanders**	mirones - presentes

Inglés	Pronunciación	Español	**C**
cabbage	cábich	col - repollo	
cabin	cábin	cabaña - camarote	
cabinet	kábinet	gabinete	
cable	kéibol	cable	
cabman	cábaman	chofer	
cactus	kaktus	cacto	
cad	cad	canalla	
cadence	cádens	cadencia	
cadet	cádet	cadete	
cage	kéich	jaula	
calamity	calámiti	calamidad	
calcium	cálcium	calcio	
calculate	cálkiuleit	calcular	
calculation	kálculeishon	cálculo	
calf	caf	ternero	
caliber	káliber	calibre	
California	kálifornia	nombre un estado de USA	
call	kol	llamar - llamada	
called	kóld	pasado de (call) part.pasado de (call)	
calling	kólin	llamando - llamar	
callous	kélous	calloso - duro	
calm	kalm	calma	
calorie	kálori	caloría	
calumny	kálomni	calumnia	
calves	cávs	pantorrillas	
Camaro	kamáro	un modelo de carro (chevrolet)	
came	kéim	pasado (to come)	
camel	kámel	camello	
camera	kámera	cámara	
camouflage	kámuflach	camuflaje - disfraz	
camp	kamp	campamento	
campaign	campéin	campaña	
can	kan	poder - lata	
can not	kan nat	no poder	
can't	kánt	contracción (can not)	
Canada	kánada	país de America del Norte	

Pág 33

Canadian	canédian	canadiense
canal	canal	canal
canary	káneri	canario
cancel	cáncel	cancelar
cancelled	cánceld	anular - cancelar
candid	cándid	sincero
candidacy	kéndidasi	candidatura
candidate	kéndideit	candidato
candle	kandol	vela
candlestick	kándolstik	candelero
candy	kándi	caramelo
cane	kéin	caña - bejuco
canine	kenáin	canino
cannery	kéneri	fábrica de conservas
cannibal	cánibal	caníbal
cannon	kánon	cañón
canteen	kantín	cantimplora
canvass	kánvas	inspección - examen
canyon	kánion	cañon
cap	kap	gorro
capable	kéipebol	capaz
capacity	kapásiti	capacidad
cape	kéip	cabo
capital	kápitol	capital
capitalism	cápitalosm	capitalismo
Capitalist	cápitalest	Capitalista
capitalize	cápitalais	capitalizar
capitol	kápitol	capitolio
capsule	cápsul	capsula
captain	cáptein	capitán
captive	cáptiv	cautivo
captor	cáptor	aprehensor
capture	cápchur	captura
car	kar	automóvil-coche - vagón
carat	cárat	quitale
caravan	cáravan	caravana
carbon	kárbon	carbono - carbón

Inglés	Pronunciación	Español
carburetor	**cárbiuretor**	carburador
carcass	**cárcass**	esqueleto
card	**card**	tarjeta
cardboard	**cárbord**	cartón
cardinal	**cárdinal**	cardinal
care	**kéar**	cuidado - atención
career	**kérir**	carrera
careful	**kérful**	cuidadoso
careless	**kérles**	descuidado
caress	**karés**	caricia
caretaker	**kérteiker**	cuidador
cargo	**cárgo**	cargo - flete
caricature	**kéricature**	caricatura
Carl	**carl**	nombre propio
carnal	**kárnal**	carnal
carnival	**kárnival**	carnaval
carnivorous	**karnívoros**	carnívoro
carol	**károl**	villancio
Carpenter	**kárpenter**	Carpintero
carpentry	**kárpentri**	carpintería
carpet	**cárpet**	alfombra
carriage	**cárech**	carruaje
carrier	**kérrier**	portador
carrot	**kárrot**	zanahoria
carry	**kárri**	llevar
cart	**cart**	carro
carton	**cárton**	caja de cartón
cartons	**cártons**	cartones-carton - envase
cartoon	**cartún**	caricatura
carve	**karv**	esculpir
carver	**cárver**	escultor
carving	**kárving**	escultura
cascade	**káskeid**	cascada
case	**kéis**	caso
cash	**kash**	dinero en efectivo
cashier	**kashíer**	cajero
cask	**kask**	barril

Inglés	Pronunciación	Español
casserole	káserol	cacerola
cassock	kások	sotana
cast	kast	lanzamiento
caste	kast	casta
castle	kasol	castillo
castor	káster	castor
casual	káshual	casual
casualty	káshualti	accidente
cat	kat	gato-a
catalog	katálog	catálogo
catalogue	cátalog	catálogo
catarrh	ketár	catarro
catch	katch	coger
catching	káching	engranaje
category	kátegori	categoría
caterers	kéiros	proveedor/a - de catering
caterpillar	kárepiler	oruga
cathedral	kazídrol	catedral
Catholic	kázolik	católico
Catholicism	kazólisisem	catolicismo
catsup	káchop	salsa de tomate
cattle	karol	gentuza
caught	kot	pasado de (catch)
		part.pasado de (catch)
cauliflower	káliflauer	coliflor
cause	kós	causa
caution	káushen	precaución
cautious	káushes	prevenido
cavalier	kavalier	caballero
cavalry	kávelri	caballería
cave	kéiv	cueva
cavern	kávern	caverna
cavity	káviti	hueco
cedar	síder	cedro
cede	sid	ceder
ceiling	síling	techo
celebrate	sélebreit	celebrar

Inglés	Pronunciación	Español
celebrated	célebréired	celebrado
celebration	selebréishon	celebración
celebrity	selébriti	celebridad
celery	séleri	apio
celibacy	sélebesí	celibato
cell	sel	célula-pila - celda
cellar	séler	sótano
cellulite	celuláit	celulitis
cemetery	sémeteri	cementerio
censorship	sénsership	censura
censure	séshur	censura
census	sénses	censo
cent	sent	centavo
centennial	senténial	centenario
center	cénter	centro
centigrade	séntigreid	centígrado
central	séntral	central
centralize	séntralais	centralizar
cents	sénts	centavo - céntimo
century	sénturi	siglo
cereal	siríal	cereal
cereals	círials	cereales
ceremony	séremoni	ceremonia
certain	sértan	ciertos
certainly	cértenli	desde luego-con toda certeza sin duda alguna
certainty	sértenti	certeza
certify	sértifai	certificar
cessation	seséshon	suspensión
cesspool	séspul	cloaca
chafe	chéif	rozadura
chaff	chaf	cáscara
chain	chéin	cadena
chair	chéar	silla
chairman	chérman	presidente de una junta
chairs	chéras	sillas
chalice	chális	cáliz

Inglés	Pronunciación	Español
chalk	chák	tiza
challenge	chálench	retar - reto
chamber	chéimber	cámara
chambermaid	cháimbermeid	sirvienta
champion	chámpien	campeón
championship	chámpienship	campeonato
chance	chans	chance - oportunidad
chancellor	chánsler	canciller
chandelier	chándelier	candil
change	chéinch	cambiar - cambio
changed	chéinchd	cambiada
changes	chéinyes	cambios
channel	chánol	canal
chaos	kéios	caos
chaotic	keiótik	caótico
chap	chap	grieta - rajar
chaperon	cháperon	acompañante
chaplain	cháplen	capellán
chapter	chápter	capítulo
character	kárakter	carácter
characteristic	kárakterístik	característico
charcoal	charkóul	carbón
charge	charch	a cargo
charged	charchd	cargo - acusación
chariot	chériot	carroza
charity	cháriti	caridad
charlatan	chárleten	charlatán
charm	charm	encanto
charming	chármin	encantador
chart	chart	mapa - cartografiar
charter	chárter	cédula
chase	chéis	perseguir
chasm	kasem	abismo
chaste	chéist	casto
chastise	chástis	castigar
chastisement	chástisment	castigo
chastity	chástiti	castidad

Inglés	Pronunciación	Español	C
chattels	chatols	enseres	
chatter	cháter	charla	
cheap	chip	barato	
cheat	chít	fraude	
check	chek	cuenta-revisión -control	
checkbook	chékbuk	chequera	
checking	chékin	chequeo-revisión-inspección	
checks	cheks	cheques	
checkup	chekop	chequeo - revisión	
cheek	chík	mejilla	
cheeks	chiks	mejillas	
cheer	chír	ovación-aclamación- ¡salud!	
cheerful	chírful	animado	
cheese	chíis	queso	
cheeses	chiisis	queso	
Chemist	kémist	Químico	
chemistry	kemistri	química	
cherish	chérish	acariciar	
cherry	chéri	cereza	
chess	ches	ajedrez	
chest	chest	pecho	
chew	chu	masticar	
Chicago	shicágo	ciudad del estado ILLINOIS	
chicken	chíken	pollo	
chickpeas	chíkpis	garbanzos	
chief	chíf	principal - jefe	
child	cháild	niño-a	
childbirth	cháil-berz	parto	
childhood	cháildhud	niñez	
children	chíldren	niños-as	
chili	chíli	chile	
chills	chils	escalofríos	
chilly	chíli	frío - lento	
chime	cháim	tañer de campanas	
chimney	chímeni	chimenea	
chin	chín	barbilla - mentón	
Chinese	chai-nís	chino	

Inglés	Pronunciación	Español
chip	chip	astilla
chivalry	chívalri	caballerosidad
chlorine	klórin	cloro
chloroform	klóroform	cloroformo
chocolate	chókolet	chocolate
choice	chóis	elección
choke	chóuk	sofocar
cholera	kólera	cólera
choose	shúus	escoger
chop	chop	chuleta-corte - tajo
chops	chops	chuletas
chord	kord	cuerda
chorus	kóres	coro
chosen	shósen	elegir - escoger
Chris	kris	nombre propio
Christian	kristien	cristiano
Christianity	kristianeti	cristianidad
Christmas	krísmes	Navidad
chronic	krúanek	crónico
chronometer	kronómiter	cronómetro
chum	chom	camarada
chunk	chonk	trozo
chunks	chonks	masas
church	cherch	iglesia
cigar	sigár	tabaco
cigarette	sigarét	pitillo
cigarettes	sígarets	cigarro - cigarrillo
cigarrette	sígaret	cigarro
cinder	sinder	ceniza
cinnamon	sínamon	canela
circle	serkol	circulo
circuit	sérkit	circuito
circular	serkiular	circular
circulate	sérkiuleit	circular
circumstance	sércumstans	circunstancia
circus	sércus	circo
citation	saiteishon	citación

Inglés	Pronunciación	Español
cities	sítis	ciudad - ciudades
citizen	sítizen	ciudadano
citizens	sítizens	ciudadanos
citizenship	sítisenship	ciudadanía
citron	sítron	limón
city	síti	ciudad
civic	sívik	cívico
civil	sívol	civil
civility	sivíleti	civilidad
civilize	sívilais	civilizar
claim	kléim	demanda
clam	clam	almeja
clamor	clámor	clamor
clamp	clamp	grapa
clams	klams	almejas
clan	klan	clan
clandestine	klandéstin	clandestino
clarify	clárifai	aclarar
clarinet	clérinet	clarinete
clarity	cláriti	claridad
class	klas	clase
classic	klásic	clásico
classification	klasifikéishon	clasificación
classify	klásifai	clasificar
classmate	klásmeit	condiscípulo
classroom	klásrum	aula
clause	klos	cláusula
claw	klo	garra
claws	klos	muelas
clay	kléi	barro
clean	klin	limpio
cleaning	clíning	limpieza - limpia
cleanse	klens	limpiar
clear	clíar	claro
clearance	klírans	espacio - saldo barata
clearing	klíering	aclaramiento
clef	klef	llave de música

Inglés	Pronunciación	Español
clergy	klerlli	clero
clerk	klérk	empleado
clever	kléver	hábil
clew	klu	pista
click	klik	golpe seco
client	kláient	cliente
clientele	klaientél	clientela
cliff	klif	risco
climax	kláimaks	clímax
climb	kláim	subida
clime	kláim	clima
clinch	klinch	remachar
cling	klíng	adherirse
clip	klíp	broche
clock	klok	reloj
clod	klod	terrón
cloister	klóister	claustro
close	klóus	cerrar-cercano - próximo
closed	klóusd	pasado (to close)
closely	klósli	de cerca
closet	kláset	ropero
cloth	klouz	vestir
clothe	kloz	vestir
clothes	klóuz	ropa
cloud	kláud	nube
cloudy	kláudi	nublado
clover	klóuver	trébol
clown	kláun	payaso
club	klób	club
clumsy	klámsi	torpe
cluster	klóster	racimo
clutch	kloch	garra
clutter	klóter	apiñar
coach	kouch	coche
coagulate	koágiuleit	cuajase
coal	cóul	carbón
coalition	koalíshon	coalición

Inglés	Pronunciación	Español
coast	kóust	costa
coat	kóut	abrigo
cobweb	kobueb	telaraña
cocaine	kókein	cocaína
cock	kok	gallo
cockroach	kókrouch	cucaracha
cocktail	kókteil	coctel
cocoa	kokoa	cacao
coconut	kókonat	coco
cocoon	kokún	capullo
cod	kod	bacalao
code	kóud	código
coffee	kófi	café
coffer	cáfer	cofre
coffin	cáfin	ataúd
coherent	kojirent	coherente
coin	kóin	moneda
coincide	koinsáid	coincidir
coincidence	koinsidens	coincidencia
Coke	kóuk	Coca Cola
cold	kóuld	frío
collaborate	koláboreit	colaborar
collapse	koláps	desplome
collar	káler	collar
collection	kolékchon	colección
college	kólich	colegio
Collins	cólinz	Collins
collision	kolíshon	choque
colonial	colónial	colono - colonial
colonies	kólonis	colinias
colonist	kólonist	colonial
colonists	kólonists	colonials - colonos
colonization	koloniséichon	colonización
colonize	kólonais	colonizar
colony	kóloni	colonia
color	kólor	color
colors	kólors	colores

Inglés	Pronunciación	Español
Columbus	kolómbes	Colón
column	kólium	columna
commander	kománder	comandante
comb	komb	peine
combat	kómbat	combate
combine	kombáin	combinar
combustion	kombóstien	combustión
come	kóm	venir -part.pasado de (come)
come up	kom op	acudir
comedy	kámedi	comedia
comes	kóms	venir - llegar
comet	kámet	cometa
comfort	cómfert	comodidad
comfortable	kónftebol	cómodo - confortable
comic	kámik	cómico
coming	cómin	próximo - por llegar
command	kománd	mando
commemorate	komémoreit	conmemorar
comment	káment	comentario
commentary	kámentari	comentario
commerce	kómers	comercio
commercial	komérshal	comercial
commissary	kámisari	comisario
commission	komíshon	comisión
commissioner	komíshoner	comisionado
commit	komít	cometer
committee	komíti	comité
commodity	komáditi	mercancía
common	kómon	común
commonwealth	kómonuelz	comunidad de naciones
commotion	komóushon	conmoción
communicate	komiúnikeit	comunicarse
communication	komiunikáishon	comunicación
communism	kómiunisem	comunismo
communist	kómiunist	comunista
community	komiúniti	comunidad
compact	compáct	compacto-apretado - sólido

Inglés	Pronunciación	Español
company	kómpani	compañia
comparative	komárativ	comparativo
compare	kompér	comparar
comparison	kompárison	comparación
compartment	kompártment	compartimento
compassion	kompáshon	compasión
compatible	kompátibol	compatible
compatriot	kompéitriot	compatriota
compensate	kómpenseit	compensar
compete	kompít	competir
competence	kámpetens	aptitud
compile	kompáil	compilar
complain	kompléin	quejarse
complaint	compléint	queja
complete	komplít	completo
completed	komplíred	entero-terminado - total
complex	kómplecs	complejo - complicado
complexion	kómplekshon	cutis
complicate	kómplikeit	complicar
complicated	komplikéid	complicado - complicarse
compliment	kómpliment	alabar
compose	kompóus	componer
composer	kompóuser	autor
composition	komposíshon	composicion
compound	kómpaund	compuesto
comprehend	komprejénd	comprender
comprehends	komprijénds	comprender
comprehensive	komprijénsiv	comprensivo
compress	kómpres	compresa
compression	kompréshon	compresión
comprises	compráises	comprender-constar de consistir en
compulsive	kompólsiv	compulsivo
computation	kompiutéishon	cómputo
compute	kompiút	computar
comrade	kómrad	camarada
concede	konsíd	conceder

conceivable	konsívabol	concebible
conceive	konsív	concebir
concentrate	kónsentreit	concentrar
concentrating	kónsentreitin	concentrandose
concentration	kónsentreshon	concetración
concept	kónsept	concepto
concern	konsérn	compañía
concerned	konsérnd	preocupado
concert	kónsert	concierto
concession	konséshon	concesión
conciliate	konsílieit	conciliar
concise	konsáis	conciso
conclude	konclúd	concluir
conclusion	konclúshon	concluirnos
concord	kóncord	concordia
concourse	cónkors	explanada - concurrencia
concrete	konkrít	concreto
concur	konkér	concurrir
condemn	kondém	condenar
condemnation	kondemnéishon	condenación
condensation	kondenséishon	condensación
condense	kondéns	condensar
condiment	kóndiment	condimento
condition	kondíshon	condición
condolence	kondóulens	pésame
conduct	kóndoct	conducir
conductor	kondókter	conductor
confection	konfékshon	confección
confederacy	konféderasi	confederación
confederation	konfederéishon	confederación
confer	konfér	conferir
confess	konfés	confesar
confession	konféshon	confesión
confidant	kónfidant	confidente
confide	konfáid	confiar
confine	konfáin	confín
confirm	konférm	confirmar

Inglés	Pronunciación	Español
confiscate	kónfiskeit	confiscar
conflict	kónflik	conflicto
confound	konfáund	confundir
confront	kónfront	confrontar
confuse	konfiús	confundir
confusion	konfiúshon	confusión
congratulate	kongrátiuleit	felicitar
congratulations	kongratuléishons	felicitaciones
congregation	kongregéishon	congregación
congress	kóngres	congreso
congressman	kóngresman	representante del congreso
connect	konékt	conectar
connecticut	conéctikot	connecticut
connection	konékshon	conexión
connive	konáiv	conspirar
conquer	kónker	conquistar
conqueror	kónkeror	conquistador
conquest	kónkuest	conquista
conscious	kónshus	consciente
consciousness	kónshusnes	conciencia
conscript	konscrípt	reclutar
consecutive	konsékiutiv	consecutivo
consent	konsént	consentimiento
consequence	kónsekuens	consecuencia
consequent	kónsekuent	consecuente
conservative	konsérvativ	conservador
conserve	konsérv	conservar
consider	konsíder	considerar
considerate	konsídereit	considerado
consideration	konsideréishon	consideración
consign	konsáin	consignar
consist	konsíst	consiste
consistent	konsístent	consecuente
console	konsóul	consolar
consolidate	konsólideit	consolidar
conspire	konspáir	conspirar
constable	kónstabol	condestable

Inglés	Pronunciación	Español
constant	kónstant	constante
consternation	konsternéishon	consternación
constipated	kónstipeited	estreñido
constitute	konstitiút	constituir
constitution	kónstetuchon	constitución
constitutional	kónstetushonel	constituciónal
constrain	konstréin	constreñir
construct	konstróct	construir
construe	konstrú	interpretar
consul	kónsol	cónsul
consulate	kónsolet	consulado
consult	konsólt	consultar
consume	konsiúm	consumir
consumer	konsiúmer	consumidor
consummate	kónsiumeit	consumar
consumption	konsómpshon	consunción
contact	kóntact	contacto
contagion	kontéiyon	contagio
contain	kontéin	contener
container	kontéiner	contaminar
contaminate	kontámineit	contaminar
contemporary	kontémporari	contemporáneo
contend	konténd	sostener
content	kontént	contenido
contest	kóntest	competencia
contiguous	kontíguiuos	contiguo
continent	kóntinent	continente
contingent	kontínyent	contingente
continue	kontíniu	continuar
continuity	kontiniúiti	continuidad
contour	kontúr	contorno
contraband	kóntraband	contrabando
contradict	kontradíkt	contradecir
contradiction	kontradíkshon	contradicción
contradictory	kontradíktori	contradictorio
control	kontról	control
controlled	kóntrold	contenido

Inglés	Pronunciación	Español
convenient	konvínient	conveniente
Convention	kónvenshon	Convención
conversation	konverséishon	conversación
cook	kuk	cocinar
cop	cop	policia
copper	cóper	cobre
copy	kópi	copia - copiar
cord	kord	cuerda
corn	korn	maíz
corner	kórner	esquina
corporal	kórporal	cabo (ejército)
correct	koréct	correcto
correspondence	korrespóndens	correspondencia
cost	kost	costar
cotton	kóton	algodón
cough	cof	tos - toser
could	kud	puede (pasado) - pudiera
could not	kud nat	no poder (pasado)
couldn't	kúdent	contracción (could not)
counsel	káunsel	consejo
count	káunt	contar
counter	káunter	mostrador
countries	kóuntris	paises
country	kóntri	país
courage	kórech	coraje
course	kors	rumbo - curso (dirección)
court	kórt	corte
court-martial	kortmárshal	consejo de guerra
courtesy	kórtesi	cortesía
courtyard	kórtiard	patio
cousin	kósin	primo
cover	kóver	cubrir
cow	káu	vaca
coward	káuerd	cobarde
crab	krab	cangrejo
crab claws	krab klos	muelas de cangrejo
cracker	kráker	galleta

Inglés	Pronunciación	Español
crackers	**krákers**	galletas
crazy	**kréisi**	loco
cream	**krím**	nata - crema
create	**kriéit**	crear
created	**crieíted**	creado
credit	**krédit**	crédito
cried	**kráid**	pasado de (cry)
		part.pasado de (cry)
cries	**kráis**	3ra.pers.pres.sing (to cry)
crime	**kráim**	crimen
criminal	**kríminol**	delictivo-criminal - penal
cross	**kros**	cruzar - cruz
crown	**kráun**	corona
cry	**krái**	llorar
Cuba	**kiúba**	Cuba (país)
cure	**kiúr**	cura
current	**cúrrent**	actual - vigente
curtain	**kértein**	cortina
curve	**kerv**	curva
customer	**kóstomer**	cliente
cut	**kot**	cortar
cyclone	**záiklon**	ciclón

Inglés	Pronunciación	Español
dad	**dad**	papá
dagger	**dáguer**	daga - puñal
daily	**déili**	diario - cotidiano
dairy	**déri**	lechería-lácteo - vaquería
daisy	**déisi**	margarita
dam	**dam**	dique-presa - embalse
damage	**dámech**	daño-averiar - perjudicar
damn	**dam**	condenar - maldecir
damp	**dámp**	húmedo
dampen	**dámpen**	humedecer
damsel	**dámsol**	dama-damisela - doncella
dance	**dáns**	bailar
dancer	**dánser**	bailarín
dancing	**dáncin**	baile - bailarina
dandruff	**dandróf**	caspa
danger	**déinyer**	peligro
dangerous	**déinyeros**	peligroso - arriesgado
dare	**déar**	atrever
daring	**déring**	temerario - osado
dark	**dark**	oscuro
darken	**dárken**	oscurecer
darkness	**dárknes**	oscuridad
darling	**dárlin**	querido - amado
dart	**dart**	dardo - rehilete
dash	**dásh**	pizca-carrera - raya
data	**déita, dára**	datos
date	**déit**	fecha-data - fechar(verb)
daughter	**dóter**	hija
daughter in law	**dóter in ló**	nuera
daughters	**dóters**	hija - hijas
dawn	**dón**	amanecer
day	**déi**	día
daylight	**déiláit**	luz (del día)
days	**déis**	días
daytime	**déitáim**	día (período de luz)
daze	**déiz**	aturdir-atolondrar - atontar
dead	**ded**	muerto

Inglés	Pronunciación	Español
deaf	**déf**	sordo
deafness	**défnes**	sordera
deal	**dil**	trato - negocio
dealer	**díler**	comerciante-concesionario distribuidor
dealings	**dílins**	negocios-relaciones - tratos
dear	**díar**	querido-a
death	**déz**	muerte
debate	**dibéit**	debate - discusión
debit	**débit**	debito-cargo - pasivo
debris	**débri**	escombros - restos
debt	**debt**	deuda
debtor	**débtor**	deudor
debut	**deibiú**	estreno
decade	**dekéid**	década - decenio
decadence	**dékedens**	decadéncia
decay	**dekéi**	decadencia-desmoronamiento putrefacción
decease	**dísis**	muerte - fallecer
deceive	**désív**	engañar
December	**dicémber**	Diciembre
decency	**dísensi**	decencia
decent	**dísent**	decente
decide	**disáid**	decidir
decimal	**décimal**	decimal
decision	**desíshon**	decision
deck	**dek**	cubierta - albergue
declaration	**declaréishon**	declaración
declare	**diklér**	declarer
decline	**dicláin**	declinación - decadencia
decorate	**décoreit**	decorar - adornar
decoration	**decoréishon**	decoración
decree	**dicrí**	decreto-ley - edicto
dedicate	**dedikéit**	dedicar
dedication	**dedikéishon**	dedicación
deduce	**didiús**	deducir - inferir
deduct	**didoct**	deducir-descontar - rebajar

Inglés	Pronunciación	Español
deem	dim	juzgar - creer
deep	díip	profundo
deer	díir	ciervo - ciervos
defame	diféim	difamar - calumniar
default	difólt	falla-falta - omisión
defeat	difít	derrota - vencimiento
defect	diféct	defecto
defend	difénd	defender
defendant	diféndant	defensor
defender	difénder	defensor
defense	diféns	defensa
defensive	difénsiv	defensivo
defiance	defáians	reto - desafío
deficiency	defíshensi	deficiencia - defecto
define	difáin	definir
definite	définit	definido-claro - preciso
definition	definíshon	definición
deform	difórm	deformar
deformed	diformd	deforme
deformity	difórmiti	deformidad - deformación
defraud	difród	defraudar
defray	difréi	sufragar - costear
defy	difái	desafiar - retar
degenerate	diyeneréit	degenerar
degrade	digréid	degradar - deponer
degree	digrí	grado
Delaware	deleuear	Delaware
delay	diléi	demora - tardanza
delegate	déligueit	delegado - representante
deliver	déliver	entregar a-repartir -llevar comunicar
delivery	delívery	entrega
Delta	delta	nombre propio
demand	dimánd	demander
democracy	demócrasi	democracia
democratic	demokrátic	demócrata
Dentist	déntist	Dentista

Inglés	Pronunciación	Español
deny	dinái	negar
department	depártment	departamento
departments	depártments	departamentos
departure	depárshur	partida-marcha - salida
depends	dipéns	contar con - depende
deposit	depózit	depósito - enganche
deposits	dipózits	depositos
deserve	díserv	merecer
desire	disáiar	deseo
desk	desk	escritorio
dessert	disért	postre
detail	ditéil	detalle
development	divélopment	desarrollo
dial	dáiol	marcar - discar
did	did	palabra preguntar pasado pasado (to do)
did not	did nat	forma para negar en pasado
didn't	dídent	contracción(did not)
die	dái	morir
died	dáid	murió
diet	daiet	dieta - alimentación
different	díferent	diferente
difficult	dífikolt	difícil
dining room	dáining rum	comedor
dinner	diner	cena
diplomat	díplomat	diplomático
direct	diréct	directo
directions	directshons	direciones - dirección
director	diréctor	directivo / a - consejero / a
dirty	dérti	sucio
disagreements	disagríments	desacuerdos
disco	dísco	disco - discoteca
discount	diskáunt	descuento
discover	discover	descubrir-encontrar - hallar
discovered	diskóverd	descubrimiento
discrimination	diskrimineíshon	discriminación
discuss	discós	discutir

Inglés	Pronunciación	Español
dishonest	disónest	deshonesto
dispute	dispiút	disputa - desacuerdo
dissolved	disólvd	disolver - disolverse
distance	dístans	distancia
ditch	ditch	zanja
divide	diváid	dividir
divorce	divórs	divorcio
do	du	hacer-para preguntar (I YOU - WE THEY)
do not	du nat	para negar(I YOU-WE THEY)
Doctor	dóktor	Doctor -Médico
does	dos	para preguntar(HE-SHE- IT)
does not	dos nat	para negar(HE-SHE-IT)
doesn't	dósent	contracción (does not)
dog	dog	perro-a
dogs	dogs	perros-as
doing	dúin	haciendo
doll	dol	muñeca
dollar	dólar	dólar - billete
dollars	dólars	dólars - pesos
domestic	doméstik	nacionales
don't	dóunt	contracción (do not)
done	don	part.pasado de (do)
door	dóar	puerta
double	dóbol	doble
doubt	dáubt	duda
down	dáun	abajo
downhill	dáunjil	cuesta abajo
dozen	dózen	docena
drank	drank	pasado (to drink)
draw	dro	dibujar
drawer	dróuer	gaveta
dress	dres	vestido
dressed	drést	vestido
dresser	dréser	aparador - tocador
dressing	dresin	vendaje - aliño
drink	drink	beber

Inglés	Pronunciación	Español	**D**
drinking	drinkin	bebiendo-bebida -forma progresiva (to drink=beber)	
drinks	drínks	3ra.pers.pres.sing.(to drink)	
drive	dráiv	conducir - manejar	
driver	dráiver	conductor/a - taxista	
driving	dráiving	conduciendo - guiando	
drizzling	drízlin	lloviznando	
drop	drop	dejar caer	
drown	dráun	ahogar	
drug	drog	medicina - medicamento	
drunk	dronk	part.pasado de (drink)	
dry	drái	seco	
dry beef	drái bif	tasajo	
duck	dok	pato	
duel	diúl	duelo	
dull	dol	torpe	
dumb	domb	mudo	
during	dúring	durante	
dust	dost	polvo	
duties	diútis	responsabilidades	

Inglés	Pronunciación	Español
each	ích	cada
each one	ich uán	cada uno
eager	íguer	entusiasta - ansioso
eagle	ígol	águila
ear	íar	oreja
early	érli	temprano
earn	ern	ganar
earned	érnd	ganar - devengar
ears	íars	oídos - orejas
earth	erz	tierra
east	ist	este
easter	íster	pascua
easy	ísi	fácil
eat	it	comer
eaten	íten	part.pasado de (eat)
eats	its	3ra.pers.pres.sing.(to eat)
eaves	ívs	alero
ebony	èbeni	ébano
economic	económik	económica
Economy	ecónomi	Economía
edge	edch	borde
education	edukéishon	educación
educational	edukéshionol	educativo - docente
efficient	efíshen	eficiente
egg	ég	huevo
eggs	égs	huevos
eight	éit	ocho
eighteen	éitíin	dieciocho
eighth	éitz	octavo
eighty	éiti	ochenta
elbow	élbou	codo
elbows	élbows	codos
elect	iléct	elegir
elected	ilécted	elegido
electoral	iléctoral	electoral
electric	eléktrik	eléctrico
electricity	elektrísiti	electricidad

Inglés	Pronunciación	Español
elects	**ilécts**	elige
elementary	**élementri**	elemental - básico
elephant	**élefant**	elefante
eleven	**iléven**	once
eligible	**eléyibol**	elegible - tener derecho a
else	**els**	demás (adv.)
emancipation	**emansipéishon**	emancipación
embarrass	**embáres**	avergonzar - apenar
Emma	**ema**	nombre propio
employee	**employí**	empleado
employer	**emplóyer**	empresario/a-patrón - jefe
employment	**emplóiment**	empleo
empty	**émti**	vacio
encourage	**enkárich**	alentar
end	**end**	fin
endorse	**endórs**	endosar - aprobar
endorses	**endórses**	endorsar - aprobar
enemies	**énemis**	enemigos
enemy	**énemi**	enemigo
energy	**éneryí**	energía
engine	**ényin**	motor
Engineer	**ényeniar**	Ingeniero
England	**íngland**	Inglaterra
english	**ínglish**	inglés
enjoy	**enyói**	disfrutar
enough	**inóf**	suficiente
enter	**énter**	entrar
entirely	**entáireli**	completamente
envelope	**énvelop**	sobre de correo
envy	**énvi**	envidia
equal	**íkual**	igual / les
equality	**íkuálati**	igualdad
equitable	**ekuítabol**	equitativo
era	**íra**	era
Erick	**érik**	nombre propio
error	**éror**	error
escape	**skéip**	escapar

Inglés	Pronunciación	Español
eternal	etérnal	eterno
Europe	iúrop	Europa
Europeans	iúropíans	Europeos
evasion	íveishon	evasión
even	íven	igual - uniforme
evening	ívining	noche 6pm a 11:59pm
event	ivént	evento
ever	éver	jamás
every	évry	todos
everybody	evribódi	todos /as - todo el mundo
everyday	évridéi	todos los dias
everyone	évriuán	todos / todas - todo el mundo
everything	évrizing	todo
everywhere	evriuéar	a todas partes-en todas partes
evil	ívil	mal - diablo
exactly	esáktli	exactamente
example	exámpol	ejemplo
excellent	ékselent	excelente
except	excépt	excepto
excited	ekzáired	excitado - excitarse
exciting	eksáirin	emocionante - apasionante
excuse	exkiús	excusar - disculpar
executioner	exekiúshoner	verdugo
executive	ekxékutiv	ejecutivo
exhibit	exsíbit	exhibir
expectations	espectéshíons	espectación-espectativa esperanza
expel	expél	expulsar
expensive	expénsiv	caro
experience	expíriens	experiencia
experiences	expírienses	experiencia
expert	expért	experto
explain	expléin	explicar
explaining	expléinin	explicar - expliqué
express	exprés	expresar
extra	éxtra	de más - de sobra
eye	ái	ojo

Inglés	Pronunciación	Español
eyebrow	**áibráu**	ceja
eyebrows	**áibraus**	cejas
eyelash	**áilash**	pestaña
eyelashes	**áiláshes**	pestañas
eyelid	**áilid**	párpado
eyelids	**áilids**	párpados
eyes	**áis**	ojos

Inglés	Pronunciación	Español
fable	**fáibol**	fábula
fabric	**fábrik**	tela - tejido
fabricate	**fabrikéit**	fabricar - falsificar
fabulous	**fábiules**	fabuloso - estupendo
facade	**fasád**	fachada - apariencia
face	**féis**	cara
facet	**fáset**	faceta - aspecto
facility	**fásiliti**	instalaciones-servicios -aseos
fact	**fakt**	hecho
factory	**fáktori**	fabrica
fair	**féar**	justo
faith	**féiz**	fé
faithful	**féizful**	fiel
Fall	**fol**	otoño - caer(verb)
fallen	**fólen**	part.pasado (to fall)
false	**fols**	falso
fame	**féim**	fama
family	**fámeli**	familia
famous	**féimos**	famoso
fan	**fan**	abanico - ventilador
Fanny	**fáni**	nombre propio
far	**far**	lejos - a lo lejos
farm	**farm**	granja
fashion	**fáshon**	moda
fat	**fat**	gordo-grasa - grueso
fatal	**féital**	fatal
father	**fáder**	padre
father in law	**fáder in lo**	suegro
father's	**fáders**	padre
fatter	**fáter**	comparativo de fat
favor	**féivor**	favor
favorite	**féivorit**	favorito - preferido
fear	**fíar**	miedo
feather	**féder**	pluma de ave
February	**fébrueri**	Febrero
federal	**federal**	federal
federalist	**fédralist**	federalista

Inglés	Pronunciación	Español	**F**
feed	fid	alimentar	
feel	fil	sentir - palpar	
feeling	filing	sensación - sentimiento	
feelings	fílings	sentimientos	
feet	fit	pies	
fell	fel	pasado de (to fall)	
felt	féolt	tocar-palpar - sentir	
festival	féstival	festival	
fever	fíver	fiebre - calentura	
few	fiú	algunos	
fidelity	fidéliti	fidelidad	
field	fild	campo	
fifteen	fíftíin	quince	
fifth	fifz	quinto	
fifty	fífti	cincuenta	
fight	fáit	pelear	
fighter	fáiter	luchador	
filet	filé	filete	
filets	filés	filetes	
fill	fíol	llenar - ocupar	
final	fáinal	final	
finally	fáinali	finslmente - por fin	
find	fáind	encontrar	
fine	fáin	bien	
finger	fínguer	dedo	
fingernail	fínguernéil	uña del dedo	
fingernails	finguernéils	uñas	
fingers	fínguers	dedos de la mano	
finish	fínish	fin-final - conclusión	
finished	fínishd	Pas.de (finish) part.	
finishes	finiches	participio pasado de (finish) 3ra pers. sing. de (finish) terminar acabar (verbo) fin termino.	
fire	fáier	fuego	
Fireman	fáiarman	Bombero	
fireplace	fáiarpléis	chimenea	

Inglés	Pronunciación	Español	**F**
first	**férst**	primero	
fish	**fish**	pescado	
fist	**fist**	puño	
fit	**fit**	apto	
fitting	**fítin**	adecuado - apropiado	
five	**fáiv**	cinco	
fix	**fix**	arreglar	
flag	**flág**	bandera	
flame	**fléim**	llama	
flat	**flát**	plano	
flies	**fláis**	moscas	
flight	**fláit**	vuelo	
floats	**flóuts**	flotador-corcho - carroza	
floor	**flóar**	piso	
Florida	**flórida**	nombre estado USA Florida	
flower	**fláuer**	flor - florecer	
flowers	**fláuers**	flores	
fly	**flái**	mosca-volar - pilotar	
flying	**fláin**	vuelo - que vuela por los aires	
foggy	**fógui**	nebuloso - brumoso	
follow	**fálo**	seguir	
followed	**fálod**	pasado de (follow)	
		part.pasado de (follow)	
following	**fálouing**	siguiente - seguidores	
food	**fud**	comida	
fool	**fúul**	tonto - idiota	
foolish	**fúlish**	tonto	
fools	**fúuls**	tontos-idiotas	
		3ra.pers.pres.sing.(to fool)	
foot	**fut**	pie	
football	**fútboul**	fútbol americano	
for	**for**	para	
forbid	**forbíd**	prohibir	
force	**fors**	fuerza	
forces	**fórsis**	fuerzas	
forecast	**fórkast**	pronosticar - previsión	
forehead	**fórjed**	frente (de la cabeza)	

Inglés	Pronunciación	Español
foreign	fóren	extranjero
foreigner	fóriner	extranjero
forever	foréver	para siempre
forewarned	fóruarnd	avisar - advertir
forget	forguét	olvidar
forgive	foarguív	perdonar-indultar - condonar
forgot	forgát	olvidó - olvidé
fork	fork	tenedor
form	form	forma - planilla
former	fórmer	antiguo
fortnight	fórtnait	quincena - quince días
fortune	fórshun	fortuna - suerte
forty	fórti	cuarenta
forward	fóruard	adelante
fought	fót	pasado (to fight) part.pasado (to fight)
found	fáund	pasado de (find)
founder	fáunder	fundador
founding	fóunding	fundación
four	fóar	cuatro
fourteen	fóartíin	catorce
fourth	fóarz	cuarto
fox	fox	zorra
fractions	frákshons	fracciones
Francis	fránces	Francis
Fred	fred	nombre propio
free	fri	gratis
freed	fríd	liberó
freedom	frídom	libertad
freedoms	frídoms	libertades
freely	fríli	libremente
freight	fréit	flete
French	french	Francés
French Fries	french fráis	papas fritas
frequently	fríquenli	frecuentemente
Friday	fráidei	Viernes
fried	fráid	frito

Inglés	Pronunciación	Español
fried plantains	**fráis plantéins**	tostones
friend	**frend**	amigo - amiga
friends	**frends**	amigos - amigas
fries	**fráis**	fritas
fright	**fráit**	susto
fritter	**fríter**	churro
frog	**frog**	rana
from	**from**	de - desde
front	**front**	frente
fruit	**frut**	fruta
fry	**frái**	freir
full	**ful**	lleno/a-completo/a–entero/a
fun	**fon**	broma
funny	**fóni**	divertido - ameno
furnish	**férnish**	amueblar
furniture	**férnichur**	muebles
future	**fiúsher**	futuro

Inglés	Pronunciación	Español
gain	guéin	ganó
gallon	gálon	galón
game	guéim	juego
garage	garách	garaje
garbage	gárbesh	basura
garden	gárden	jardín
Gardener	gárdener	Jardinero
garter	gárder	liga
gasoline	gásolin	gasolina
gate	guéit	puerta - verja
gave	guéiv	pasado (to give= dar)
general	yénerol	general
generally	yénerali	generalmente- en general
		en líneas generales
genial	yínial	genial
geography	yíografí	geografía
George	yórch	George
Georgia	yórya	Georgia
Germany	yérmani	Alemania
get	guét	conseguir
get on	guet on	subirse
gets	guéts	3ra.pers pres.verb. (to get)
getting	guéting	cogiendo
gift	guift	regalo
gilyhead	guíljed	bonito (pez)
girdle	guérdol	faja
girl	guérl	niña
girlfriend	guérlfrend	amiga
girls	guérls	niñas
give	guív	dar
give up	guif op	renunciar
given	guíven	part.pasado de (give)
giving	guívin	el dar - obsequiar
glad	glad	contento-a-alegre -satisfecho
glass	glas	vaso-cristal - gafas
gloves	glovs	guantes
go	góu	ir

Inglés	Pronunciación	Español	**G**
goal	gol	gol-meta - arco-portería	
goals	gols	gol-meta -arco-portería	
goat	góut	cabra	
goblet	góblet	copa	
God	gád	Dios	
godfather	gádfader	padrino	
godmother	gádmoder	madrina	
goes	góus	3ra.pers.pres.sing (to go)	
going	góing	ida-marcha-progresivo (to go)	
gold	góuld	oro	
gone	gon	part.pasado de (go)	
good	gud	bueno-a	
goodbye	gud-bái	adios	
goodness	gúdnes	bondad	
goose	gus	ganso	
gospel	góspel	evangelio	
got	got	pasado (to get)	
gotten	gáten	part.pasado de (get)	
government	góvernment	gobierno	
governor	góvernor	gobernador	
graduate	gráduet	graduado/a-egresado/a otorgar título a	
graduating	grádueidin	graduado/a-licenciado/a bachiller graduar	
grain	gréin	grano	
grammar	grámar	gramática	
granddaughter	grandóter	nieta	
granddaughters	grandóters	nietas	
grandfather	gránfáder	abuelo	
grandmother	gránmóder	abuela	
grandson	gransón	nieto	
grandsons	gransóns	nietos	
granted	gránted	otorgado	
grape	gréip	uva	
grapes	gréips	uvas	
grass	gras	yerba	
gray	gréi	gris	

Inglés	Pronunciación	Español
great	gréit	verdadero-grande -enorme
green	gríin	verde
green pepper	grin péper	ají
greet	grít	saludar
grey	gréi	gris
grocer	gróuser	tendero - almacenero
groceries	gróceris	comestibles - abarrotes
ground beef	gráund bif	picadillo
group	grúp	grupo
grow	gróu	crecer
guaranteed	gárantid	garantizados
guard	gard	guardia
guess	gués	conjetura-suposición
		estimación aproximada
guide	gáid	guia
gulf	gálf	golfo
Gus	gos	nombre propio

Inglés	Pronunciación	Español	**H**
had	jad	pasado (to have=tener) part.pasado de (have)	
hair	jéar	cabello-vello - pelo	
Hair dresser	jéar dréser	Peluquero	
hake	jéik	merluza	
half	jaf	medio	
hall	jol	entrada-pasillo - sala	
ham	jam	jamón	
hammer	jámer	martillo	
hand	jand	mano	
handkerchief	jánkerchif	pañuelo	
hands	jands	manos	
handsome	jánsom	guapo - bien parecido	
hang	jang	colgar - ahorcar	
happen	jápen	suceder	
happened	jápend	pasar-ocurrir - suceder	
happens	jápens	pasar-ocurrir - suceder	
happy	jápi	contento-a	
harbor	járber	puerto	
hard	jard	duro	
Harrisburg	járrisberg	capital estado de Pennsylvania	
has	jas	3ra.pers.sing.pres.(to have)	
hat	jat	sombrero	
hate	jéit	odio - odiar	
have	jav	tener-poseer - haber	
haven't	jávent	contracción (have not)	
having	jávin	participio presente (to have)	
Hawaii	jawái	Hawaii	
He	jí	El	
He'll	jíol	va a estar	
He's	jís	contracción (He is)	
head	jed	cabeza	
headache	jédeik	dolor de cabeza	
heal	jil	sanar	
health	jelz	salud	
healthy	jélzi	saludable	
heap	jíp	monton - pila	

Inglés	Pronunciación	Español
hear	jíar	oir
heard	jerd	pasado (hear)
		part.pasado de (hear)
hearing	jíring	oído
hears	jíars	oir
heart	járt	corazón
heat	jit	calor
heaven	jéven	cielo
heavens	jévens	cielos
heavy	jévi	pesado - pesar mucho
heel	jil	talón del pie
heels	jíls	talones
height	jáit	altura
hello	jeló	hola
help	jelp	ayudar-auxilio - ayuda
helped	jélpt	ayudaron
hen	jen	gallina
Henry	jénri	Henry
her	jér	su sus (de ella)
here	jíar	aquí - acá
hereby	jiarbái	por este medio
heretofore	jíartofor	hasta el presente
heritage	jéritash	herencia
hers	jérs	suyos suyas(de ella)
herself	jersélf	ella misma
hey	jéi	oye - oiga
hi	jái	hola(familiar)
hide	jáid	esconder
high	jái	alto
highest	jáiest	más alta
highway	jáiuei	carretera
him	jim	pron.pers.masc.
		3ra.persona.singul.
himself	jimsélf	el mismo
hint	jínt	indirecta - insinuación
hints	hits	indirecta - insinuación
hip	jip	cadera

Inglés	Pronunciación	Español	**H**
hire	jáier	contratar-alquilar - arrendar	
his	jis	su- sus- suyo- suyos-(de él)	
historical	jístoricol	histórico	
history	jístori	historia	
hit	jít	golpe-tiro - acierto	
hobbies	jóbis	pasatiempo - favorito	
hold	jóuld	agarrar - sujetar	
hole	jóul	agujero	
holiday	jólidei	feriado - fiesta - vacación	
home	jóm	casa-hogar - domicilio	
homework	jóm uérk	tarea - deberes	
honest	ónest	honesto	
honey	jani	miel	
hope	jóup	esperanza	
horse	jors	caballo	
hospital	jóspital	hospital	
hot	jot	caliente	
hotels	jótels	lugar de hospedaje	
hour	áuar	hora	
hour hand	áuar jand	horario	
hours	áuars	horas	
house	jáus	casa	
houses	jáuses	casas	
housing	jáusing	vivienda	
houston	jiúston	ciudad del estado de Texas	
how	jáu	¿ cómo ?	
how many	jáu méni	cuántos	
how much	jáu móch	cuánto	
how's	jáos	contracción (how is)	
however	jaoéver	sin embargo	
human	jíuman	humano	
humane	jiuméin	humano	
humidity	jiúmiditi	humedad	
hundred	jóndred	ciento	
hungry	jóngri	hambriento	
hunt	jont	cazar	
hurricane	jórikein	huracán	

Inglés	Pronunciación	Español	**H**
hurry	**jéri**	apurar	
hurt	**jert**	daño - lastimar	
hurts	**jerts**	duele	
husband	**jósband**	esposo	
hypocrite	**jípokrit**	hipócrita	

Inglés	Pronunciación	Español	**I**
I	ái	Yo	
I'd	áid	contracción (I would)	
		contracción (I had)	
I'll	áil	contracción (I will)	
I'm	áim	contracción (I am)	
I've	áiv	contración (I have)	
ice	áis	hielo	
ice cream	áis krim	helado	
iceberg	áisberg	témpano de hielo	
icy	áisi	congelado-glacial	
		cubierto de hielo	
Idaho	áidajo	estado de U.S.	
		cubierto de hielo	
idea	aidía	idea	
ideal	aidíal	ideal	
identical	áidéntikol	idéntico	
identification	áidéntifikéishón	identificación	
identity	áidéntiti	identidad	
ideology	idióloyi	ideología	
idiocy	ídioci	idiotez - imbecilidad	
idiom	ídiom	modismo	
idiot	ídiot	idiota-tonto-a - imbécil	
if	if	si (condicional)	
ignorance	ígnorens	ignorar - desconocer	
ignorant	ígnorant	ignorante	
ill	il	enfermo	
illegal	ilígol	ilegal	
Illinois	ilinóis	nombre un estado en USA	
imitation	imitéishón	imitación	
immediately	emmídiatli	inmediatamente	
immoral	ímmorol	inmoral	
impolite	inpolaíit	descortés	
importance	impórtans	importancia - importante	
important	impórtant	importante	
impossible	impósibol	imposible	
improve	impruv	mejorar	
impure	inpiúr	impuro	

Inglés	Pronunciación	Español
in	in	en
in a hurry	in e jéri	apurado
in love	in lov	enamorado
inaugurated	inóuguiureited	inaugurado
inch	inch	pulgada
include	inclúd	incluido
included	inclúded	incluir - adjuntar
including	inclúdin	preposición de (incluir)
income	ínkom	ingresos
incorrect	inkoréct	incorrecto
increase	incrís	aumentar
incredible	incrédibol	increíble
indecesnt	indísent	indecente
indeed	indíd	de veras - desde luego
independence	indepéndens	independencia
index finger	indexfínguer	índice (dedo)
indians	índians	indios
indirect	indairékt	indirecto
indivisible	índivisibel	indivisible
industry	índostri	industria
infancy	ínfansi	infancia
inflation	infléishon	inflación
informal	infórmol	informal - coloquial
information	informéshon	información
inhumane	injuméin	inhumano
ink	ink	tinta
inn	in	posada
insect	inséct	insecto
insects	insécts	insectos
inside	insáid	adentro
insipid	insípid	insipido
insist	insíst	insistir - exigir
instead	instéd	en lugar - en su lugar
instruction	instrókshon	instrucción - enseñanza
insult	insolt	insultar - ofender
insurance	inshúrans	seguro de auto médico- casa
intelligent	intéliyent	inteligente

Inglés	Pronunciación	Español
interest	ínterest	⊹ interés
interesting	íntresting	interezante
interior	intírior	interior - intermo
interpret	íntrepret	interpretar
interview	interviú	entrevista
intestines	intéstens	intestinos
into	íntu	en
introduction	íntrodocshion	introducción
invention	invénshon	invención
invisible	invísibol	invisible
invite	inváit	convidar - invitar
invited	invaited	invitado-invitaron - convidar
involvement	invólvment	intervención - participación
iron	áiron	hierro - plancha
is	is	3ra.pers.pres.ind.sing.to be
island	áiland	isla
isn't	ísent	contracción (is not)
issue	íshu	tema
It	it	neutro (Ello)
It's	íts	contracción (It is)
Italy	ítali	Italia
item	áitem	artículo-asunto a tratar
		punto a tratar
its	íts	su

Inglés	Pronunciación	Español
jacket	yáket	saco
Jacksonville	yáksonvil	ciudad de la Florida
jail	yéil	carcel
January	yánuari	Enero
Japan	yapán	Japón
jar	yar	jarra
jaws	yos	quijadas
jazz	yass	género musical
Jean Laffite	yinlafait	nombre propio
Jefferson	yéferson	Jefferson
jewel	yúel	joya
Jezel	yeséol	nombre propio
job	yób	trabajo - empleo
jobs	yábs	trabajos
join	yóin	unir
joined	yóind	unir - juntar
joke	yóuk	chiste
journey	yérni	viaje
Jr	yúnior	Jr (contracción de junior)
Judge	yóch	Juez
judges	yóyis	Jueces
judicial	yudíshel	judicial
judiciary	yudíciary	judicial
jug	yog	jarra
juice	yús	jugo
July	yulái	Julio
jump	iómp	saltar
June	yún	Junio
junior	yúnior	más joven-subalterno
		auxiliar de menor antiguedad
just	yost	solo
justice	yóstes	justicia
justices	yóstesiz	jueces

Inglés	Pronunciación	Español	**K**
kathy	kazi	nombre propio	
keep	kíip	mantener	
kept	kept	pasado (to keep)	
Key	kí	Key	
kick	kik	patear	
kid	kid	muchacho - niño	
kidney	kídni	riñón	
kidneys	kídnis	riñones	
kill	kíl	matar - asesinar	
killed	kild	pasado de (kill) part.pasado de (kill)	
kilometer	kilomíter	kilometro	
kilowatt	kilouát	kilovátio	
kind	káind	clase-tipo - amable	
kinds	káinds	amable-cariñoso - tierno	
King	king	rey	
king fish	king fish	serrucho	
kiss	kis	beso	
kitchen	kítchen	cocina	
knee	ní	rodilla	
knees	níis	rodillas	
knew	nu	pasado de (know)	
knife	náif	cuchillo	
knit	nit	tejer	
knock	nok	golpe-golpear - choque	
know	nóu	conocer - saber	
known	non	part.pasado de (know)	
knows	nóus	saber	
Korean	koríen	Corea (país asiático)	

Inglés	Pronunciación	Español	**L**
labor	léiber	labor	
lack	lak	falta - carencia	
Ladies	léidis	señora - dama	
lady	léidi	señora	
laid	léid	participio pasado de (to lay) colocar (p.p.) - poner (p.p.)	
lain	léin	part.pasado de (lie)	
lake	léik	lago	
lamb	lamb	cordero	
lame	léim	cojo	
lamp	lamp	lámpara	
land	land	nación / tierra	
landing	landin	aterrizaje - desembarco	
language	lánguish	lenguaje	
large	larch	extenso-grande - corpulento	
largest	láryest	grande-extenso - corpulento	
last	lást	último - postrero	
late	léit	tarde	
later	léiter	mas tarde - hasta tarde	
laughing	lafin	risueño - alegre	
laughter	láfter	risa	
lavatory	lávatori	aseos - servicio	
law	ló	ley	
laws	lós	leyes	
Lawyer	lóier	Abogado	
lay	léi	pasado de (lie)	
lazy	léisi	haragan	
leader	líder	lider	
leaf	lif	hoja	
learn	lern	aprender	
learned	lernd	aprender - he aprendido	
learns	lerns	3ra.pers.pres.sing.(to learn)	
least	list	superlativo de little	
leather	léder	piel - cuero	
leave	líiv	dejar	
leaving	lívin	salida - de despedida	

Inglés	Pronunciación	Español
led	léd	conducir
ledger	lédyer	libro mayor de contabilidad
left	left	pasado de (leave)
		pret.pasado de (leave)
leg	leg	muslo
legal	lígal	legal
legislative	leyesleítiv	legislativo
Legislature	léyeslecher	Legislatura
legs	legs	piernas
lemon	lémon	limón
lend	lend	prestar
lenses	lénses	lentes de contacto
less	les	menos
lesson	léson	lección
let	let	dejar - permitir
let's	lets	contracción (Let us)
letter	léter	carta
letters	léters	cartas
level	lévol	nivel
liar	láiar	mentiroso
liberated	líberéired	liberó
liberty	líberti	libertad
libraries	láibraris	bibliotecas
library	láibrari	biblioteca
lice	láis	piojos
license	láisens	licencia
lie	lái	mentir - acostarse
lied	láid	pasado (to lie)
life	láif	vida
light	láit	luz-claridad - encender
lights	láits	luces
likable	laíkebol	agradable
like	láik	gustar - como
liked	láikt	pasado (to like)
likes	láiks	3ra.pers.pres.sing. (to like)
limit	límit	límite
limp	limp	cogear

Inglés	Pronunciación	Español
Lincoln	línkon	Lincoln
line	láin	linea
linen	línen	lino - lienzo
lines	láins	líneas - rayas
lion	láion	león
lip	lip	labio
lips	lips	labios
list	list	lista
listen	lísen	escuchar
listening	lísening	part.presente de (listen)
liter	líter	litro
little	lítol	poco-pequeño - chico
live	lív	vivir
lived	lívd	pasado (to live)
liver	líver	hígado
lives	lívs	vidas -3ra.pers.pres.sing (to live)
living	living	vivo
living room	líving rum	sala
lobster	lóbster	langosta
local	lócal	local
located	lokéired	localizada
lock	lok	cerradura
lock up	lok op	encerrar
long	long	largo
longer	longuer	más tiempo
longest	lónguest	más largo
look	luk	mirar - buscar
look for	luk for	buscar
looked	lúkt	vistazo
looking	lúking	mirada - busca
looks	luks	mirar - vistazo
loose	lúus	soltar - suelto
Los Angeles	los anyeles	ciudad del estado California
lose	lus	perder
lost	lost	pasado de (lose) pret.pasado de (lose)

Inglés	Pronunciación	Español
lot	**lat**	dividir en lotes
Louis	**lúis**	nombre propio
Louisiana	**luísiana**	nombre un estado de USA
louse	**láus**	piojo
love	**lov**	amor-cariño-amar -encantar afecto
loved	**lovd**	pasado de (love) part.pasado de (love)
low	**lóu**	bajo
lowerlip	**lóuerlip**	labio inferior
loyal	**lóiel**	leal
luck	**lók**	suerte - fortuna
luggage	**lóguech**	equipaje
Luis	**luis**	nombre propio
lunch	**lonch**	almuerzo
lung	**long**	pulmón
lungs	**longs**	pulmones
Luther	**lúzer**	Luther
lying	**láin**	forma progresiva (to lie=mentir)

Inglés	Pronunciación	Español	**M**
Ma'am	**méam**	señora	
Ma'am	**men**	madam	
machine	**mashín**	máquina	
mad	**mad**	enojado	
madam	**mádam**	señora	
made	**méid**	past tense past participle (to make)	
magazines	**mágasins**	revistas	
magnificent	**magníficent**	magnífico - espléndido	
mail	**méil**	mandar por correo	
mailed	**méild**	pasado (to mail)	
Mailman	**méilman**	Cartero	
main	**méin**	principal	
Maine	**méin**	estado de U.S.A.	
maintain	**méintein**	mantener	
major	**méiyor**	principal	
make	**meík**	hacer	
makes	**méiks**	hace	
male	**méil**	macho	
man	**man**	hombre	
manager	**mánayer**	administrador	
manicure	**manikiúr**	limpiar uñas -arreglar uñas	
many	**méni**	muchos-as	
map	**map**	mapa	
March	**márch**	Marzo	
Mardi Gras	**márdi gras**	nombre propio	
mare	**mer**	yegua	
marital	**máridol**	conyugal - matrimonial	
mark	**márk**	marca-marcar(verb)-Marcos	
markdown	**markdáun**	reducción - rebaja	
marked	**márkt**	marcado - notable	
market	**márket**	mercado	
marriage	**márrich**	matrimonio-casamiento-unión	
married	**mérid**	casado	
marry	**mári**	casarse	
Martin	**mártin**	martin (nombre propio)	
marvelous	**márveles**	maravilloso/a–estupendo/a	

Inglés	Pronunciación	Español
Mary	méri	Mary
Mary's	méris	de Mary (posesivo)
Maryland	méreland	Maryland
mashed	mashd	machacado
Mason	méison	Albañil
Mass	mas	Misa
Massachusetts	masachúsets	Massachusetts
master	máster	amo
matches	máches	fosforos
material	matírial	material
matter	máter	asunto-cuestión - materia
May	méi	posibilidad de realizar una acción
may not	méi nat	puede que no
maybe	méibi	a lo mejor - tal vez
mayflower	méifláuer	flor de mayo
mayor	méior	alcalde
me	mi	me mi(p.pers) - yo (fam.)
mean	min	significar - querer decir
means	mins	manera-modo - medio
meant	mint	significar - querer decir
measure	méshor	medida
meat	mit	carne
Mechanic	mekánik	Mecánico
medicine	médicin	medicina
medium	midiúm	termino medio - medio
meet	mít	conocer - encontrarse con
meeting	mírin	reunión - encontrandose
meets	míts	reune
member	mémber	miembro
members	members	miembros
memorial	memóriel	conmemorativo - memorial
memory	mémori	memoria - recuerdo
men	men	hombres
mens brief	mens bríif	calzoncillo
mental	méntal	mental
mentioned	ménshiond	mencionado

Inglés	Pronunciación	Español
menu	méniu	menú
merchandise	mérchandais	mercancía
mess up	mes op	desorden - desalocar
message	mésech	mensaje
metal	métal	metal
method	mézod	metodo
Mexican	méxican	Mexicano
Mexico	métsico	México país Norte América
Miami	maiámi	Miami (nombre de ciudad)
mice	máis	ratones
Michigan	míshigan	estado de U.S.
middle	mídol	medio
middle finger	mídolfínguer	cordial (dedo)
midnight	midnáit	media noche
might	máit	podria
mile	máil	milla
military	miletéri	fuerzas militares
milk	milk	leche
Milker	mílker	Ordeñador
Milkman	mílkman	Lechero
million	mílion	millón
mind	máind	mente - memoria
mine	máin	mio-mios- mia-mias-minar
minimum	minimum	minimo
Minnesota	minesóut-a	estado de U.S.
minus	máinus	menos
minute	mínit	minuto
minute hand	mínit jand	minutero
minutes	mínets	minutos
mirror	míror	espejo
mislay	misléi	extraviar
miss	mis	señorita
missed	mísd	tiro errado-fallo - no dar en
Mississippi	mísisipi	nombre propio
Missouri	mesúri	nombre un estado de USA
mistake	mistéik	equivocación
Mister	míster	señor

Inglés	Pronunciación	Español
mob	**mob**	chusma
model	**módel**	modelo
modern	**módern**	moderno
modest	**módest**	modesto
molar	**molar**	muela
mom	**mam**	madre - mamá
moment	**móment**	momento
mommy	**mami**	mamá - mami
mon	**mon**	madre
Monarch	**mónark**	Monarca
Monarchs	**mónarks**	Monarcas
Monday	**móndei**	Lunes
money	**móni**	dinero
monkey	**mónki**	mono
monkey's	**monkis**	monos
monster	**monster**	enorme - monstruo
Montana	**mantána**	estado de U.S.
month	**mónz**	mes
months	**mónzz**	meses
moon	**mun**	luna
more	**mor**	más
morning	**mórning**	primera hora del día
most	**móust**	superlative (más) de more much many
motel	**moutel**	motel
mother	**móder**	madre
mother in law	**móder in lo**	suegra
mother's	**moders**	madre
motor	**mótor**	motor
motorcycle	**mótorsaikol**	motocicleta
mountain	**máunten**	montaña
mouse	**máus**	ratón
mouth	**máuz**	boca
move	**muv**	mover – mudarse
movement	**múvment**	movimiento
movie	**múvi**	película
Mr.	**mister**	abreviatura de Mister

Inglés	Pronunciación	Español	**M**
Mrs.	**míses**	señora	
much	**moch**	mucho-a	
mud	**mod**	barro	
multiply	**moltiplái**	multiplicar	
mushroom	**móshrum**	chámpiñon-seta - hongo	
music	**miúsik**	música	
musicians	**miúsichans**	músicos/as	
must	**most**	tener que realizar una acción	
must not	**most nat**	no tengo que	
mustn't	**mósent**	contracción (must not)	
mutton	**móton**	carnero	
my	**mái**	mi - mis	
myself	**maisélf**	yo mismo	

Inglés	Pronunciación	Español
nail	néil	uña - clavo
nails	néils	uñas - clavos
name	néim	nombre
named	néind	nombrado
Nancy	nanci	nombre propio
nap	nap	sueñecito-siesta - dormitar
napkin	nápkin	servilleta
napkins	nápkins	servilleta - paño
narrow	nárou	estrecho
nation	néishon	nación
national	náshonel	nacional
nationality	nashionáliti	nacionalidad
nations	néishons	naciones
native	néitiv	nativos
natural	náchural	natural
near	níar	cerca
neat	nit	limpio-aseado - ordenado
necessary	nésesari	necesario
neck	nek	cuello
necktie	néktai	corbata
neckties	néktáis	corbatas
need	nid	necesitar – necesidad
needed	níded	necesario
needing	níding	necesitar - necesidad
needle	nírol	aguja
needs	nids	necesidades - necesidad
negative	négativ	negativo
neighbor	néibor	vecino
nephew	néfiu	sobrino
nephews	néfius	sobrino
nerve	nerv	nervio
nervous	nérvos	nervioso
net	net	neto
never	néver	nunca
new	nú	nuevo
New Hampshire	nú jámpsher	New Hampshire

Inglés	Pronunciación	Español
New Jersey	nú yersí	New Jersey
New Orleans	nú orlíins	Ciudad de USA
New York	nú yórk	New York
news	nús	noticias
newspaper	núspéiper	periódico
next	néxt	próximo-contiguo -siguiente
nice	náis	agradable-bueno -lindo
niece	nis	sobrina
nieces	níses	sobrina
night	náit	noche
nine	náin	nueve
nineteen	náintíin	diecinueve
ninety	náinti	noventa
ninth	náinz	noveno
no	no	no
noble	nóbol	noble
nobody	no-bódi	nadie
noise	nóis	ruido
non smoking	non smókin	no fumar - area de no fumar
noncombatant	nónkombatent	no combatiente
nonsense	nónsens	tontería-s
noon	nun	medi día
normal	nórmal	normal
north	nórz	norte
North Carolina	norz karoláina	North Caroláina
North Dakota	nórz dakóut-a	estado de U.S.
northern	nórsern	norte
nose	nóus	nariz
not	nat	no (adverbio)
notary	nótari	notario
note	nóut	nota
nothing	nózing	nada
notice	nouris	aviso - noticia
noticed	nourist	aviso
novel	nóvel	novela
November	novémber	Noviembre
now	náo	ahora

Inglés	**Pronunciación**	Español	**N**
now and then	**náo an den**	de vez en cuando	
number	**nómber**	número	
Nurse	**ners**	Enfermera	

Inglés	Pronunciación	Español
o'clock	oklák	adverb. de tiempo
oath	óuz	juramento
obey	obéi	obedecer
objectives	obyéctivs	objetivo
obligation	obliquéshion	obligación
obtain	obtéin	obtener
obviously	óbviosli	obviamente
ocean	óushan	oceano
October	actóuber	Octubre
Oculist	ókulist	Oculista
of	ov	de (prep)
of course	ov kors	desde luego
off	of	lejos-a distancia - apartado
offer	ófer	oferta
office	ófis	oficina
officer	ófiser	oficial-funcionario -directivo
official	ofíshel	oficial
often	ófen	a menudo
oh	óu	exclamación
Ohio	oujáio	estado de U.S.
oil	óil	aceite
oil bottle	óil botol	aceitera
ok	oukéi	bueno-bien – sí
okay	oukéi	está bien
old	óuld	viejo
older	ólder	comparativo de old
oldest	oúldest	viejo-mayor–antiguo-anciano
olive	óliv	oliva - verde aceituna
omit	omít	omitir
on	on	sobre - encima
once	uáns	vez - una vez
one	uán	uno
one eyed	uán-áid	tuerto
only	ónli	solamente
open	óupen	abrir - abierto
opened	óupend	pasado (to open)

Inglés	Pronunciación	Español
operator	**operéitor**	operador
opinion	**opinion**	opinion
opportunity	**aportúniti**	oportunidad
oppose	**apóus**	oponerse
opposite	**óposit**	opuesto
or	**or**	o (conjunción)
orange	**óranch**	anaranjado – naranja
ordain	**ordéin**	ordenar
order	**órder**	en orden
ordinals	**órdinals**	ordinales
organized	**órganaisd**	organizado - ordenado
original	**oríyinel**	original / les
originated	**oríyineided**	originarse (en)
		tener su origen (en)
Orlando	**orlando**	ciudad de la Florida
Orleans	**órleans**	nombre propio
other	**óder**	otro-a
ouch	**áuch**	ay
our	**áuar**	nuestro-nuestra-nuestros
		nuestras
ours	**áuars**	el nuestro-la nuestra
		los nuestros-las nuestras
ourselves	**áuerselvs**	nosotros mismos
out	**áut**	fuera - afuera
outside	**áutsaid**	fuera - afuera
ovary	**óvari**	ovario
oven	**óven**	horno
over	**óver**	encima de-sobre - durante
overcome	**ouvercom**	vencer
overweight	**overuéit**	demasiado peso - muy gordo
own	**óun**	propio
owner	**óuner**	dueño
ox	**ox**	buey
oxen	**óksen**	bueyes
oysters	**oísters**	ostras

Inglés	Pronunciación	Español
pacific	pásifik	Pacífico-calmado-sosegado
pacifier	pasifáier	chupete - tete
pack	pak	empaquetar
package	pákech	paquete
paddle wheel	pádol - uíol	rueda impulsora del barco de vapor
page	péich	pagina
paid	péid	pasado (to pay) part.pasado de (pay)
pain	péin	dolor
paint	péint	pintar
painted	péinted	pasado (to paint)
Painter	péinter	Pintor
palace	pálas	palacio
pants	pénts	pantalones
paper	péiper	papel
papers	péipers	papeles
parade	pareíd	desfile - parada
parcel	párcel	paquete
pardon	párdon	perdón
pardoned	párdond	perdón - indulto
parents	párents	padre - madre
park	park	parque
parking	párkin	estacionamiento
parking lot	párkin lat	parqueo
parrot	párot	loro - papagayo
parrots	párots	cotorras
part	part	parte
participate	partísipéit	participar
particular	partíkiuler	especial - en particular
parties	pártis	partidos
partner	pártner	compañero
parts	párts	parte
party	pári	fiesta
pass	pas	pasar
passage	pásich	paso - ruta - transición
passenger	pásenyer	pasajero

Inglés	Pronunciación	Español
passes	páses	pasajes
passport	pásport	pasaporte
past	past	pasada
patient	péishent	paciente
Patrick	pátrick	Patrick
patrol	petról	patrulla
Paul	pol	Paul
pay	péi	pagar
payments	péimets	pagos
pays	péis	pagar - liquidar
peace	pis	paz
peaceable	písebol	pacífico
peach	pich	melocotón
pear	péar	pera
pedicure	pedikiúr	arreglarse los pies masage en los pies
peel	pil	cascara
pen	pen	pluma
pencil	pénsol	lápiz
Pennsylvania	pénselvenia	Pennsylvania
people	pípol	personas
pepper	péper	pimienta
perfect	pérfekt	perfecto
perfectly	pérfektli	perfectamente
perform	pérform	desempeñar
perfume	pérfium	perfumen
perhaps	perjáps	acaso – quizás
period	píriod	período - época
permit	permit	permitir
persecution	persekiúshon	persecución
Persian	pérshan	Persa
persistent	pérsistent	persistente
person	pérson	persona
personal	pérsenal	individual - privado
personally	pérsenali	personalmente
Peter	piter	nombre propio
Peter's	píters	de Peter

Inglés	Pronunciación	Español
petition	petíshion	petición
Philadelphia	filadelfia	nombre un estado en USA
phone	fon	telefono
phrase	fréis	frase
phrases	fréises	frases
physical	físical	fisico
physician	fisíshan	médico
pianist	piánist	pianista
piano	piano	piano
pick	pík	Recoger
pick up	pik op	recoger
picked	píkt	recogió
picking	píkin	escoger-elegir - seleccionar
pickled	pikol	encurtido
picture	píckchur	cuadro-pintura - retrato
pictures	píkchurs	cuadros-pinturas - fotos
pie	pái	pastel
piece	pis	pieza
piercing	píercing	pernetrante - agudo
pig	pig	lechón - cerdo
pigeon	píshon	paloma
pilgrims	pílgrems	peregrinos
pillow	pílou	almohada
pin	pin	alfiler
pineapple	páinapol	piña
pink	pink	rosado
pipe	páip	pipa
pirate	páirot	pirata
pitcher	pítcher	jarra
pity	píti	piedad - compasión
pizza	pítza	pizza
place	pléis	lugar
places	pléises	lugar
plain	pléin	llanura-sin sabor -sin adornos
plan	plan	plan
plane	pléiin	avión-plano - llanura
planning	plánin	planificación

Inglés	Pronunciación	Español	**P**
plans	**plans**	proyecto - plan	
plant	**plant**	planta - árbol	
plate	**pléit**	plato	
play	**pléi**	jugar	
played	**pléid**	pas. de (play) part.pas. (play)	
player	**pléier**	jugador	
playing	**pléiing**	juego - interpretación	
plays	**pléis**	3ra.pers.pres.sing.(to play)	
pleasant	**plésent**	agradable - simpático	
please	**plís**	por favor	
pleased	**plíizd**	estar contento-estar satisfecho	
pleasure	**pléshur**	placer-gusto - deleite	
Plumber	**plómer**	Plomero	
plus	**plos**	mas - adición	
pocket	**póket**	bolsillo	
poem	**póem**	poema	
poet	**póet**	poeta	
point	**póint**	apuntar - punto	
pointed	**póinted**	señaló	
poison	**póison**	veneno	
police	**polís**	policía	
Policeman	**polísman**	Policía	
policy	**pólisi**	póliza-programa	
		normas de conducta política	
polite	**polaíit**	cortés - fino	
political	**polítikel**	políticos	
politics	**pólitiks**	política	
pool	**púol**	piscina-charco - fondo	
poor	**púar**	pobre	
popular	**pópiular**	popular	
population	**popiúleshon**	población	
pork	**pork**	cerdo	
port	**port**	puerto	
porter	**pórer**	maletero-mozo de estación	
position	**posíshon**	posición-ubicación	
possible	**pósibol**	posible	
post office	**póust ófis**	oficina de correo	

Inglés	Pronunciación	Español
postcard	póuskard	tarjeta postal
potato	potéito	papa
potatoes	potéitos	papas
potentate	pótenteit	potentado
pound	páund	libra
powder	páuder	talco
power	páuer	poder
powerful	páuerfol	poderoso
powers	páuers	poder - fuerza
practice	práktes	práctica
pray	préi	orar
preamble	príambol	preambulo
prefer	prifér	preferir
preference	préferens	preferencia
preferences	préferenses	preferencia
prepare	pripéar	preparar
prescription	preskripshión	receta médica
prescriptions	preskripshións	recetas
present	présent	presente
preservation	préserveshon	preservación-conservación mantenimiento
preserved	prisérvd	proteger - preservar
president	président	presidente
president's	présidents	del presidente
presidents	présidentz	presidentes
press	prés	prensa
pretend	priténd	fingir - simular
pretty	príti	bonito-a
previous	prívios	anterior
price	práis	precio
priced	práist	poner precio a.....
prices	práises	precios
prince	príns	príncipe
principal	principal	principal-director de escuela
principles	prínsipels	principios
print	print	imprimir
prison	príson	carcel

Inglés	Pronunciación	Español
prisoner	**prísoner**	prisionero
private	**práivet**	privado
prize	**práiz**	premio - trofeo
probable	**próbabol**	probable
probe	**prub**	probar
problem	**próblem**	problema
problems	**próblems**	problemas
proclamation	**proklémeishon**	proclama
produce	**pródius**	producir
product	**pródukt**	producto
professor	**profésor**	profesor - maestro
profit	**prófit**	ganancia
profound	**profáund**	profundo
program	**prógram**	programa
progress	**prógres**	progreso
promise	**prómis**	promesa
promote	**prémout**	promover
promotion	**promóshon**	promoción
pronunciation	**pronunsiéshon**	pronunciación
proof	**pruf**	prueba
proper	**próper**	propio
property	**próperti**	propiedad
prostitution	**próstitushon**	prostitución
protection	**protékshon**	protección
provide	**provái**	proveer
Psychologist	**saikóloyist**	Psicólogo
public	**póblik**	público
publicly	**póblikli**	públicamente
publish	**póblish**	publicar
published	**póblisht**	publicar - divulgar
pull	**púol**	jalar - tirón
pulling	**púlin**	tirón - jalón
pulls	**púols**	tirón-jalón - tirar de algo
pulse	**póls**	pulso-pulsación - pulsar
pump	**pomp**	momba (electrica)
punish	**pónish**	castigar
punished	**pónishd**	pasado de (punish)

Inglés	Pronunciación	Español	**P**
punishment	**pónishment**	castigo	
purchase	**pérshes**	compra - adquisición	
pure	**piúr**	puro	
purple	**pérpol**	morado	
purpose	**pérpes**	propósito	
purse	**pers**	bolso de Sra.	
put	**put**	poner - colocar	
putting	**purin**	el poner	

Inglés	Pronunciación	Español
quack	kuák	graznar (del pato)
		charlatan
quadrate	kúodreit	cuadro
quadruple	kuádrupo	cuádruple
quadruplet	kuádruplet	serie de cuatro
quaff	kuáf	beber mucho
quagmire	kuégmaia	cenagal
quail	kueil	codorniz
quaint	kuéint	raro
quake	kuéik	temblor
qualification	kualifikéischon	calificación
qualified	kualifaid	calificado
qualify	kualifai	calificar
quality	kuáliti	calidad
qualm	kuám	escrúpulo
quantity	kuóntiti	cantidad
quart	kuart	cuarta
quarter	kuórder	cuarto - cuarta (medida)
quartering	kuártering	acuartelamiento
		acantonamiento
quarterly	kuóterli	trimestralmente
		trimestres
quartet	kuotét	cuarteto
quartz	kuóts	cuarzo
quash	kuósh	anular
quaver	kueiva	temblar
quay	kuai	muelle
queen	kuín	reina
queer	kuier	raro
queerness	quíernes	rareza
quell	kuél	subyugar
quench	kuénch	apagar–extinguir -saciar
querulous	kuérulous	quejumbroso
question	kuéstion	pregunta
quick	kuík	rápido
quiet	kuáiet	quieto
quite	kuáit	bastante

Inglés	Pronunciación	Español	**R**
rabbit	rábit	conejo	
race	réis	carrera	
racial	réishel	racial	
radio	réidio	radio	
rain	réin	lluvia	
rainbow	réinbou	arco iris	
raise	réis	subir	
ran	ran	pasado de (run)	
rancid	ránsid	rancio	
range	réinch	cordillera - rango	
rape	réip	violar	
rare	rear	poco asado-raro-poco común	
rat	rát	rata	
rather	ráder	mas bien	
raw	róa	crudo	
reach	rich	alcanzar	
read	ríd	leer	
ready	rédi	listo	
real	ríal	real	
really	ríli	de verdad	
rear	ríar	parte de atrás - retaguardia	
reason	ríson	razón - motivo	
reasons	rísons	razón - motivo	
rebel	rébel	rebelde	
receipt	ricípt	recibo	
receive	ricív	recibir	
recent	rísent	reciente	
receptionist	risépshionist	recepsionista - recepción	
record	récord	registro-documento - acta	
recount	rícaunt	contar - relatar	
red	red	rojo	
reduce	ridiús	reducir	
references	réferensis	consulta-alusión - referencia	
refine	refáin	refinar	
refreshment	rifréshment	refresco	
register	réyister	registro	
registration	reyistréishon	inscripción - matriculación	

Inglés	Pronunciación	Español	**R**
regular	**régular**	regular	
relative	**rélativ**	familiar	
relevance	**rélevens**	pertinencia - relevancia	
relief	**rilíf**	alivio	
religion	**rilíyon**	religión	
religious	**rilíyes**	religiosa	
remember	**rimémber**	recordar	
reminded	**rimáinded**	recordar a - recordármelo	
reminds	**rimáinds**	recordar a - recuerda	
renounce	**rináuns**	renuncio	
rent	**rent**	rentar	
repeat	**ripít**	repetir	
represent	**represent**	representa	
representation	**representéishon**	representación	
Representative	**repriséntativ**	Representante	
representatives	**repriséntativs**	representantes	
republic	**rípoblik**	república	
republican	**ripóbliken**	republicano	
requesting	**ricuéstin**	solicitar	
required	**ríkuaerd**	requerido	
requirements	**rikuáirements**	requerimientos	
resemble	**risémbol**	parecerse a	
reservation	**réserveshon**	reserva	
reservations	**reserveshións**	reserva - reservada	
reserved	**risérvd**	reservado	
reside	**risáid**	residir	
resolve	**risólv**	resolver	
respect	**rispekt**	respeto	
responsible	**rispónsibol**	responsable	
rest	**rest**	descansar	
restaurant	**résterant**	restaurante	
rested	**résted**	pasado de (rest)	
		part.pasado de (rest)	
result	**risólt**	resultado	
results	**risólts**	resultado	
resume	**rísum**	reemprender - reanudar	
resumé	**resumé**	currículo - resumen	

Inglés	Pronunciación	Español	**R**
return	ritérn	devolver	
review	rivíú	exámen-análisis-evaluación revisión	
revolution	revolúshon	revolución	
revolutionary	revoluchionary	revolucionaria	
reward	riuórd	premiar	
Rhode Island	róud áiland	Rhode Island	
rib	rib	costilla	
ribs	ribs	costillas	
rice	ráis	arroz	
rich	rích	rico	
richest	ríchest	rico - abundante	
ride	ráid	cabalgar	
right	ráit	derecho	
rights	ráits	derechos	
Rigo	rigo	nombre propio	
rind	ráind	chicharrón	
ring	ring	anillo - sortija	
ring finger	ringfínguer	anular(dedo)	
rings	rings	anillos-aros - hacer sonar	
ripe	ráip	maduro	
rising	ráising	naciente-creciente - en alza	
risk	risk	riesgo	
river	ríver	río	
road	róud	carretera	
roast	róust	asar	
Robert	róbert	Robert	
rock	rok	roca	
romero	romero	nombre propio	
roof	rúf	techo	
room	rum	cuarto - habitación	
rooms	rums	cuartos - habitaciones	
rooster	rúster	gallo	
rope	róup	soga	
rose	róus	rosa	
round	ráund	redondo	
routine	rutín	rutina	

Inglés	Pronunciación	Español	**R**
rub	**rob**	frotar	
rug	**rog**	alfombra	
rule	**rul**	regla	
run	**ron**	correr - part.pasado de (run)	

Inglés	Pronunciación	Español
Sacramento	**sácramento**	nombre ciudad del estado California
sad	**sad**	triste
safe	**séif**	seguro
safety	**séifti**	seguridad
said	**sed**	pasado (to say) part.pasado de (say)
sail	**séil**	navegar
Sailor	**séilor**	Marinero
saint	**séint**	santo
Saint Louis	**séint lúis**	nombre ciudad del estado California
salad	**sálad**	ensalada
salary	**sálari**	salario
sale	**séil**	venta – vender (verb)
salesgirl	**seolsguérl**	vendedora (niña)
saleslady	**séolsleidi**	vendedora
salesman	**séolsman**	vendedor
saliva	**saláiva**	saliva
salt	**solt**	sal
salty	**sólti**	salado
same	**séim**	lo mismo
San Francisco	**san francisco**	nombre ciudad estado de California
sand	**sand**	arena
sandwich	**sánduích**	emparedado
Sandy	**sándi**	nombre propio
sane	**séin**	cuerdo
sardines	**sardins**	sardinas
sat	**sat**	pasado de (sit) -part.pasado de (sit)
satisfied	**sárisfaid**	satisfecho
Saturday	**sáterdei**	Sábado
sauce	**sós**	salsa
sausage	**sósech**	chorizo
savage	**sávech**	salvaje
save	**séiv**	ahorrar

Inglés	Pronunciación	Español
saved	séivd	salvado - preservado
savings	séivins	ahorro - hacer economia
saw	sóa	pasado (to see)
say	séi	decir
says	ses	3ra.per.pres.sing. (to say)
scalp	skalp	cabelludo - cabellera
scandal	skándal	escándalo
school	skul	colegio – escuela
schooling	skúling	escolaridad instrucción escolar
science	sáiens	ciencia
scissors	sísers	tijeras
scorpion	skórpion	alacran
Scott	skót	Scott
scratch	skrátch	arañar - arañazo
sea	síi	mar
seafood	sífud	mariscos
seal	sil	sello - foca
season	síson	estación
seasons	sísons	estaciones
seat	sit	asiento
seats	sits	asiento-butaca - silla
second	sékond	segundo
secret	síkret	secreto
secretary	sékreteri	secretaria
section	sékshon	sección
sector	sector	sector
secure	sekíur	asegurar - seguro
security	sékiúriti	seguridad
see	si	ver
seed	síid	semilla
seem	sim	parecer
seems	sims	parecer
seen	siin	part.pasado de (see)
sees	sis	3ra.pers.pres.sing. to see)
selective	seléctiv	selectivo
selects	selékts	elige-nombra – selecciona

Inglés	Pronunciación	Español
self	**self**	uno/a - mismo/a
selfish	**sélfish**	egoísta
sell	**sel**	vender
senate	**sénet**	senado
senator	**sénator**	senador
senators	**sénators**	senadores
send	**send**	envíar
sends	**sends**	3ra.pers.pres.verb (to send)
senior	**sínior**	mayor - superior
sense	**sens**	sentido - sensación
senses	**sénses**	sentidos
sensual	**sénshual**	sensual
sent	**sent**	pasado (to send)
		part.pasado de (send)
sentence	**séntens**	sentencia - oración
separate	**sépareit**	apartar
separation	**sépereishón**	separación
September	**septémber**	Septiembre
serious	**sírios**	serio
servant	**sérvant**	sirviente
serve	**sérv**	servir - cumplir
service	**sérvis**	servicio
set	**set**	poner
settled	**sérold**	fijo - estable
seven	**séven**	siete
seventeen	**seventíin**	diecisiete
seventh	**sévenz**	séptimo
seventy	**séventi**	setenta
shade	**shéid**	sombra
shadow	**shádo**	sombra
shake	**chéik**	Batir
shall	**shal**	debemos
shame	**shéim**	verguenza
shape	**shéip**	forma - figura
shark	**shark**	tiburón
sharp	**sharp**	afilado
shave	**shéiv**	afeitado - rasura

Inglés	Pronunciación	Español	**S**
She	shi	Ella	
she'll	shíol	contracción (she will)	
She's	shís	contracción (She is)	
sheep	shíip	oveja	
sheet	shíit	sabana	
shine	sháin	brillar	
ship	shíp	embarcación	
shipping	shiping	barco-buque - envío	
shirt	shert	camisa	
shocking	shóking	sorprendente	
shoe	shu	zapato	
Shoemaker	shúmeiker	Zapatero	
shoes	shus	zapatos	
shook	chúk	estrecharon - batieron	
shop	shop	tienda	
shopping	shóping	ir de tiendas - compras	
short	short	corto-a - bajo	
shortest	shórtest	superlativo de short	
should	shud	debería - debiese	
should not	shud nat	no debería - no debiese	
shoulder	shóulder	hombro	
shoulders	shóulders	hombros	
shouldn't	shúdent	contracción(should not)	
shout	cháut	grito	
shouted	cháuted	pasado participio – pasado (to shout)	
show	shóu	Mostrar - enseñar	
showing	shóuing	actuación- ger. de(to show)	
shrimp	shrimp	camaron	
shrimps	shrimps	camarones	
shut	shot	cerrar	
shut up	shot op	callar	
sick	sik	enfermo	
side	sáid	lado	
sidewalk	sáid-uók	acera	
sight	sáit	vista	
sign	sáin	señal - firmar	

Inglés	Pronunciación	Español
signal	sígnal	señal
signature	sígnashur	firma
signs	sáins	firma
silence	sáilens	silencio
silk	silk	seda
silly	síli	tonto
silver	sílver	plata
simple	símpol	simple
simplify	simplifái	simplificar
sin	sin	pecado
since	sins	desde
sincere	sinsíer	sincero
sing	sing	cantar
singer	sínguer	cantante
single	síngol	solo - soltero
sink	sink	sumergirse
sip	sip	sorbo
sir	ser	señor
siren	sáiren	sirena
sister	síster	hermana
sister in law	síster in ló	cuñada
sisters	sísters	hermana
sit	sít	sentar
sitting	sídin	sesión - turno
situation	situéshon	situación
six	síks	séis
sixteen	sikstíin	dieciséis
sixth	sixz	sexto
sixty	síxti	sesenta
size	sáis	medida
skim	skim	desnatar - descremar
skin	skin	piel
skirt	skert	falda
sky	skái	cielo
slavery	sléiveri	exclavitud
slaves	sléivs	esclavos
sleep	slip	dormir

Inglés	Pronunciación	Español
sleeps	**slíps**	3ra.pers.pres.sing (to sleep)
slender	**slénder**	flaco
slept	**slépt**	pasado (to sleep)
		part.pasado de (sleep)
slice	**sláis**	rebanada-tajada - pedazo
slims	**slims**	adelgaza-delgado - fino
slip	**slip**	resbalar
slow	**slóu**	despacio
slowly	**slóuli**	lentamente-despacio
		pausadamente
small	**smol**	pequeño-a
small finger	**smolfínguer**	meñique(dedo)
smallest	**smólest**	pequeño-chico - poco
smell	**smel**	olfato-olor - oler
smells	**smels**	oler - olor
smile	**smáil**	sonreir - sonrisa
Smith	**smíz**	apellido-herrero - herrera
smoke	**smóuk**	fumar
smokers	**smókers**	fumador
smoking	**smókin**	el fumar
snapper	**snáper**	pargo
sneeze	**sniz**	estornudar
snow	**snóu**	nieve
so	**so**	de esta manera-así-por tanto
soap	**sóup**	jabón
sober	**sóber**	sobrio
society	**sosáieti**	sociedad
sock	**sok**	calcetín
socks	**soks**	calcetines
soda	**sóuda**	refresco-soda - bicarbonato
sofa	**sóufa**	sofá
soft	**soft**	blando - suave
soil	**sóil**	suelo - tierra
sold	**sóuld**	pasado de (sell)
		part.pasado de (sell)
Soldier	**sólyer**	Soldado
sole	**sol**	planta del pie

Inglés	Pronunciación	Español
soles	sóls	plantas del pie
solid	sólid	solido
some	som	unos - unas
someone	sóm-uán	alguien
something	sómzing	algo
sometimes	sómtáims	a veces
son	son	hijo
son in law	son in ló	yerno
song	song	canción
soon	sun	pronto - dentro de poco
sorry	sóri	triste - afligido
sort	sort	clase - tipo
soul	sóul	alma
sound	sáund	sonido
sounds	sáunds	sonido - sonidos
soup	súp	sopa
sour	sáu-er	agrio
south	sáuz	sur
South Carolina	sáuz karoláina	South Carolina
southern	sódern	sur
sovereignty	sóvrenti	soberania
sow	sóu	sembrar
space	spéis	espacio
Spain	spéin	España
spangled	spángold	estrellado - brillante
spaniards	spánierds	españoles
Spanish	spánish	español
speak	spík	hablar
speaker	spíker	presidente / orador
speaks	spíks	3ra.pers.pres.sing.(to speak)
special	spéshol	especial
spectackes	spéktakols	gafas
speech	spích	palabra
speed	spíid	velocidad
spend	spend	gastar
spent	spent	pas. de (spend)
spiritual	spíritual	espiritual

Inglés	Pronunciación	Español
spoke	**spóuk**	pasado (to speak)
spoken	**spóuken**	part.pasado de (speak)
sponge	**spánch**	esponja
spoon	**spun**	cuchara
sport	**sport**	deporte
spot	**spot**	borron
Spring	**spring**	Primavera
Springfield	**sprínfiold**	capital del estado Illinois
square	**skuéar**	cuadrado
stable	**stéibol**	estable
stage	**stéich**	escenario - etapa
stairs	**stéars**	escaleras
stamp	**stamp**	sello - sello de correo
star	**star**	estrella
Star Spangled Banner	**stár spangled báner**	nombre himno nacional USA
stars	**stárs**	estrellas
start	**start**	comenzar - comienzo
started	**stáred**	comenzando - pas. to start
State	**stéit**	estado
statement	**stéiment**	declaración
states	**stéits**	estados
station	**stéshon**	comisaría-gasolinera–puesto
statue	**státuu**	estatua
status	**stádus**	estado
stay	**stéi**	quedarse
stayed	**stéid**	pasado (to stay)
staying	**stéiing**	permanencia
steak	**stéik**	bistec
steal	**stíil**	robar
steamer	**stímer**	olla de estofar-buque vapor
steel	**stíol**	acero
step	**step**	escalón
stepdaughter	**stepdóter**	hijastra
stepfather	**stepfáder**	padrastro
stepmother	**stepmóder**	madrastra
stepson	**stepson**	hijastro
stewardess	**stiúrdes**	azafata

Inglés	Pronunciación	Español
stick	**stik**	palo
still	**stil**	aun
stockings	**stókins**	medias de mujer
stole	**stóul**	pasado de (steal)
stolen	**stóulen**	part.pasado de (steal)
stomach	**stómak**	estómago
stone	**stóun**	piedra
stop	**stop**	detener
store	**stoár**	tienda
stores	**stóars**	tienda
story	**stóri**	historia - cuento
straight	**stréit**	derecho
strange	**stréinch**	extraño
strangers	**stréinyers**	extraños
streak	**strik**	raya-veta - vena
streaks	**striks**	raya-veta - vena
street	**strit**	calle
strike	**stráik**	pegar-huelga - asestar
stripes	**stráips**	franjas
stroke	**stróuk**	golpe
strong	**stróng**	fuerte
student	**stúdent**	estudiante – alumno/a
studies	**stódis**	estudios
study	**stódi**	estudiar (verb)
studying	**stódiin**	estudio - estudiar
stupid	**stiúpid**	torpe
style	**stáil**	estilo
subject	**sóbyect**	subdito
subtract	**sobtrákt**	restar
subway	**sob-uéi**	metro - túnel
such	**soch**	tal
suck	**sok**	chupar
sue	**su**	demandar
suffer	**sófer**	padecer
sugar	**shúguer**	azúcar
sugar bowl	**shúgar bóul**	azucarera
suit	**sut**	traje

Inglés	Pronunciación	Español
suitcase	sut-kéis	maleta
suitcases	sutquéises	equipaje
Summer	sómer	Verano
sun	son	sol
Sunday	sóndei	Domingo
Sundays	sóndeis	Domingos
sunset	sónset	puesta del sol - anochecer
supervisor	superváisor	supervisor
supper	sóper	cena
supply	soplái	suministro
support	séport	apoyar
supported	séported	respaldo - apoyo
suppose	supóus	suponer
supposed	supóusd	supuesto
supreme	suprím	suprema
sure	chúar	seguro
surely	shúrli	sin duda - con seguridad
surprise	sorpráis	sorpresa
surprises	sorpráises	sorpresa - inesperado
suspect	sospékt	recelar
swallow	suálo	tragar
sweat	suét	sudor
sweater	suéter	suéter
sweep	suíp	barrer
sweet	suít	dulce
sweet potato	suít potéito	boniato
swept	suépt	pasado de (sweep)
		part.pasado de (sweep)
swim	suím	nadar
symbols	símbels	símbolos
system	system	sistema

Inglés	Pronunciación	Español
T.V.	ti vi	abreviatura usada por (television set)
tabacco	tobáko	tabaco
table	téibol	mesa
tablecloth	téibolklóz	mantel de mesa
tablecloths	téibolcloz	mantel
tablecoth	téibol kloz	mantel
tables	téibols	mesas
tablespoon	téibolspun	cuchara grande
tablespoonful	téibolspunful	cucharada grande
tablet	táblet	tableta - pastilla
tableware	téiboluer	vajilla
tabulate	tábiuleit	tabular
tacit	tásit	táctico
taciturn	tásitorn	taciturno
tackle	tákol	avios - polea
tact	takt	tacto
tactics	táktiks	táctica
tag	tag	etiqueta - marbete
tail	téil	rabo - cola
Tailor	téilor	Sastre
taint	téint	mancha
take	téik	coger
taken	téiken	part.pasado de (take)
takes	téiks	llevarse - robar
talcum	tálkum	talco
tale	téol	cuento
talk	tok	hablar
talked	tokt	pasado de (talk)
		part.pasado de (talk)
talker	tóker	orador - conversador
talking	tóking	hablando -forma progresiva (to talk=hablar)
talks	toks	charla - plática
tall	tol	alto
Tallahassee	tálajasi	capital del estado Florida
taller	tóler	alto compa. de (tall)

Inglés	Pronunciación	Español
tallest	tálest	superlativo de tall
tallow	tálou	cebo
tame	téim	amansar-domar-domesticar
Tampa	támpa	nombre de estado de la Florida en USA
tan	tan	curtir-tostar - quemar
tangent	tányent	tangente
tangerine	tányerin	naranja mandarina
tangible	tányibol	tangible - palpable
tangle	tangol	enredar - enmarañar
tank	tank	tanque - depósito
tantalize	tántalais	atormentar - desesperar
tantrum	tántrum	berrinche - acceso de colera
tap	tap	zapatear
tape	téip	cinta - tira de metal
taper	téiper	bujía - cerilla
tapestry	tápestri	tapiz - tapicería
tapioca	tapióka	tapioca
tar	tar	alquitrán - brea
tardy	tárdi	tardo - lento
target	tárguet	blanco
tariff	tárif	tarifa-arancel - derechos
tarnish	tárnish	empeñar - deslustrar
tart	tart	acre-ácido - acerbo
task	task	tarea - quehacer
taste	téist	gusto-sabor - probar
tasteless	téistles	insípido
tasty	téisti	can sabor
tatter	táter	harapo - andrajo
tattle	tádol	chismoso / a
tattletale	tádoteol	chismoso - informante
tavern	távern	taberna - posada
tax	tax	impuesto
taxation	takséishon	impuestos
taxes	táksis	impuestos
taxi	taksi	automovil de alquiler - taxi
taxpayer	takspéiyer	contribuyente

Inglés	Pronunciación	Español
tea	ti	té
tea spoon	tispun	cucharita
teach	tich	enseñar
Teacher	tícher	Maestro-a
teaching	tíching	enseñanza - instrucción
teacup	tíkop	taza de té
teakettle	tíketel	tetera
team	tim	equipo
teapot	típot	desgarrar - romper
tear	tíer	lágrima
tears	tíars	lágrimas
tease	tis	fastidiar
teaspoon	tíspun	cucharadita
teaspoonful	tíspunful	cucharadita
teat	tit	teta
technical	téknikol	técnico
technique	tekník	técnica
tedious	tídios	tedioso-aburrido - pesado
teens	tins	edad de los trece a los diecinueve años
teeth	tíiz	dientes
telegram	télegram	telegrama
telegraph	télegraf	telégrafo
telephone	télefon	teléfono
telescope	téleskop	telescopio
television	televíshon	televisión
television set	televíshon set	televisor -aparato television
tell	tel	decir
teller	téler	cajero - escrutador
temerety	teméreti	temeridad
temper	témper	carácter - genio
temperament	témperament	temperamento
temperance	témperans	templanza - temperancia
temperate	témperet	templado-moderado-abstemio
temperature	témperashur	temperatura
temple	tempol	templo
ten	tén	diez

Inglés	Pronunciación	Español	**T**
tenacious	**tenáshos**	tenas - pegajoso	
tenacity	**tenásiti**	tenacidad - aferamiento	
tend	**tend**	propender-contribuir-atender	
tender	**ténder**	tierno	
tenderloin	**ténderloin**	filete - lomo	
tenderness	**téndernes**	ternura	
tendon	**téndon**	tendón	
tennis	**tenis**	tenis	
tenor	**ténor**	tenor	
tense	**tens**	tenso - estirado	
tension	**ténshon**	tensión	
tent	**tent**	tienda de campaña	
tentacle	**téntakol**	tentáculo	
tenth	**tenz**	décimo	
term	**term**	término-vocablo - plazo	
terminal	**términal**	último - extremo	
terminate	**términeit**	terminar	
termination	**términeshon**	terminación - interrupción	
terms	**térms**	términos	
terrace	**téras**	terraza-azotea - calle	
terrible	**térribol**	terrible	
terrier	**térrier**	perro de busca	
terrific	**terrific**	terrífico	
terrify	**térifai**	aterrar	
territory	**téritori**	territorio	
terror	**terror**	terror	
terrorists	**térorists**	terroristas	
test	**test**	examen	
testament	**téstament**	testamento	
testify	**téstifai**	atestiguar	
testimony	**téstimoni**	testimonio	
Texas	**tékses**	nombre de un estado de USA	
text	**tekst**	textil - hilable	
texture	**tékschur**	textura	
than	**dan**	que (conjunción)	
thank	**zank**	agradecer	
thank you	**zank iú**	grácias	

Inglés	Pronunciación	Español
thankful	zánkful	agradecido
thankless	zánkles	ingrato
thanks	zanks	gratitud-agradecimiento gracias
thanksgiving	zánksguiving	día de acción de gracias
that	dat	ese-esa-aquel-aquella
that's	dats	contracción (that is)
the	de,da,di	el- la – los- las
the bill	de bil	la cuenta
the check	de chek	la cuenta
the least	de list	el menos - la menos
the most	de móust	el más - la más
The're	déar	contracción de (they are)
theater	zíter	teatro
thee	di	pron. te
theft	zeft	robo - hurto
their	dér	su- sus (de ellos-as)
theirs	déirs	suyo- suya – suyos suyas(de ellos-as)
them	dem	pronombre (los las)
theme	zim	tema
themselves	demsélves	ellos mismos
then	den	entonces
thence	dens	adv. desde alli - de alli
theology	zióloyi	teología
theory	zíori	teoria
there	déer	allá-allí - ahí
thereabouts	derabáuts	por alli-por ahí - ahi cerca
thereafter	deráfter	después
thereby	derbái	en relación con eso
therefore	dérfor	por eso-por esto por consíguiente
therein	derin	en eso
therewith	deruíz	con eso - con ello
thermometer	zermómitor	termómetro
thermos	zérmos	termo
these	díis	éstos - éstas

Inglés	Pronunciación	Español	T
thesis	zísis	tesis	
They	déi	Ellos - Ellas	
They're	déir	contracción (They are)	
thick	zik	grueso	
thicken	zíken	espesar - engrosar	
thief	zif	ladrón	
thieve	ziv	robar - hurtar	
thigh	zái	muslo	
thighs	záis	muslos	
thin	zin	delgado	
thing	zíng	cosa	
things	zings	cosas	
think	zink	pensar	
Thinking	zínking	pensando	
thinks	sínkz	piensa	
third	zerd	tercero	
thirst	zerst	sed - anhelo	
thirsty	zérsti	sediento	
thirteen	zértíin	trece	
thirty	zérti	treinta	
this	dis	este esta	
Thomas	tómas	Thomas	
thong	zong	correa - tira de cuero	
thorn	zorn	espina - púa	
thorny	zórni	espinoso	
thorough	zórou	completo - entero	
thoroughbred	zóroubred	de pura casta-de pura raza	
thoroughly	zórouli	completamente	
those	dóus	esos-esas-aquellos/as	
though	dóu	aunque	
thought	zot	pasado (to think) part.pasado de (think)	
thousand	záusand	mil	
thrash	zrash	trillar - desgranar	
thread	zred	hilo	
threat	zret	amenaza	
threaten	zréten	amenazar	

Inglés	Pronunciación	Español
three	zríi	tres
thrift	zrift	economía - frugalidad
thrill	zril	emocionar - conmover
thrive	zráiv	medrar - prosperar
throat	zrot	garganta
throe	zróu	angustia
throne	zróun	llevar al trono
throttle	zrótol	válvula reguladora
through	zrú	a través
throw	zróu	tirar
thrush	zrosh	tordo - zorzal
thumb	zóm	pulgar (dedo)
thumbtack	zómbtak	chinche
thump	zomp	golpe sordo
thunder	zónder	tronar(verb)
thunderbolt	zónder-bolt	rayo
Thursday	zérsdei	Jueves
thus	dos	asi-de este modo - pues
thyme	táim	tomillo
ticket	tíket	entrada - boleto
ticket taker	tíket téiker	taquillero
tickets	tíkets	entrada - boleto
tidbit	tídbit	bocado - bocadito
tide	táid	marea - corriente
tidings	táidings	nueva - noticia
tidy	táidi	asear - aseado
tie	tái	atar
tiger	táiguer	tigre
tight	táit	apretado
tigress	táigres	tigresa
tile	táil	tejar
till	tíol	hasta
timber	tímber	madera de construcción
time	táim	tiempo - hora
times	táims	veces
timetable	táimteibol	itinerario - horario
timid	tímid	tímido

Inglés	Pronunciación	Español	**T**
timidity	timíditi	timidez	
tin	tin	estaño	
Tina	tína	nombre propio	
tincture	tínkchur	tintura	
tiny	táini	menudo - diminuto	
tip	tip	propina	
tiptoe	típtou	punta del pie	
tire	táir	neumático	
tired	táired	cansado	
tissue	tíshu	tejido	
title	táitol	título	
to	tu	a - para	
toad	tóud	sapo	
toast	tóust	pan tostado	
toaster	tóuster	tostador	
tobacco	tobáko	tabaco	
today	tudéi	hoy	
toe	tóu	dedo del pie	
toes	tóus	dedos de los pies	
together	tuguéder	junto	
told	tóuld	pasado de (tell)	
		part.pasado de (tell)	
Tom	tám	Tom	
tomato	toméito	tomate	
tomb	tumb	tumba	
tomorrow	tumórou	mañana	
tongue	tong	lengua	
tonight	tunáit	esta noche	
Tony	tóni	nombre propio	
too	tu	demasiado- excesivamente	
too much	tu moch	demasiado	
took	tuk	pasado (to take)	
tooth	tuz	diente	
top	tóp	arriba	
touch	toch	tocar - tacto	
tourist	túrist	turista	
towel	táuel	toalla	

Inglés	Pronunciación	Español
town	**táun**	pueblo
toy	**tói**	juguete
tradition	**trédishon**	tradición
traffic	**tráfik**	tráfico
train	**tréin**	tren
transit	**tránsit**	tránsito
translate	**transléit**	translate
translation	**transléshon**	traducción
transportation	**tránsportéshion**	transporte – transportación
trash	**trásh**	basura
travel	**trávol**	viajar
tray	**tréi**	bandeja
treacherous	**trécheros**	alevoso
treasury	**tréshuri**	tesorería – fisco - tesoro
treaties	**trídis**	tratados - acuerdos
tree	**tri**	árbol
trees	**tríis**	árboles
tribe	**tráib**	tribu
tried	**tráid**	tratar
trip	**trip**	viaje
trouble	**tróbol**	problema - dificultad
trousers	**tráusers**	pantalones
trout	**tráut**	trucha
truck	**trok**	camión
true	**trú**	verdad
truly	**trúli**	realmente - de veras
trunk	**tronk**	tronco - trompa
trust	**trost**	confiar
truth	**truz**	verdad
try	**trái**	tratar-intento - tentativa
Tuesday	**túsdei**	Martes
tulip	**tiúlip**	tulipán
tunnel	**tónel**	tunel
turkey	**térki**	pavo
turn	**tern**	turno - vuelta
turn off	**tern of**	apagar
turned	**térnd**	vuelta-revolución - curva

Inglés	Pronunciación	Español	**T**
turns	**terns**	3ra.pers.pres.sing.(to turn)	
twelve	**tuélv**	doce	
twenty	**tuénti**	veinte	
twice	**tuáis**	dos veces	
twin	**tuín**	gemelo - mellizo	
two	**tú**	dos	
type	**táip**	tipo-clase - mecanografiar	
typist	**táipist**	mecanógrafa	

Inglés	Pronunciación	Español	U
U.S.A	iú es ei	inciales Pais Estados Unidos America	
udder	áder	ubre - teta	
ugliness	óglines	fealdad	
ugly	ógli	feo-a	
ulcer	ólcer	ulcera	
ultimate	óltimeit	último	
umbrella	ombréla	paraguas - sombrilla	
umpire	ómpair	árbitro	
umpopular	onpóopiular	impopular	
un	on	prefijo equivalente a sin no	
unaccustomed	onakóstomd	desacostumbrado	
unanimity	iunanómiti	unanimidad	
unanimous	iunánimos	unánime	
unassembled	ón-asémbold	desarmado	
unavoidable	onavóidabol	inevitable	
unaware	onauér	desprevenido	
unbelievable	onbilívabol	increíble	
unbosom	onbósom	revelar-confesar - descubrir	
unbroken	onbróuken	intacto - entero	
uncanny	onkáni	extraño - raro	
uncertain	onsérten	incierto-dudoso - variable	
uncertainty	oncértenti	incertidumbre	
uncle	ónkol	tio	
uncles	ónkols	tios	
uncomfortable	onkómfortabol	incómodo - molesto	
uncommon	onkómmon	poco-común - raro	
unconscious	onkónshos	inconsciente	
unconsciousness	onkónshosnes	inconsciencia	
unction	ónkshon	unción	
unctuous	ónkshuos	untuoso	
undeniable	ondenáiabol	innegable	
under	onder	bajo	
underclothes	ónderclouz	ropa interior	
underestimate	onderéstimeit	menospreciar	
undergo	ondergóu	sufrir-aguantar - padecer	
undergraduate	ondergrádueit	estudiante del bachillerato	

Inglés	Pronunciación	Español
underground	óndergraund	subterráneo - bajo tierra
underline	onderláin	subrayar
underlying	onderláing	fundamental - subyacente
underneath	onderniz	debajo
underpay	onderpéi	pagar insuficientemente malpagar
undershirt	óndershert	camiseta
undersized	ondersáist	de talla menor que mediana
underskirt	ónderskert	enaguas - rafajo
understand	ónderstan	entender
understanding	onderstánding	comprensión-entendimiento
understood	onderstúd	entender - comprender
undertake	ondertéik	emprender
undertaker	ónderteiker	empresario de pompas fúnebres
undertaking	ondertéiking	empresa
undertow	óndertou	resaca
underwear	ónderuer	ropa interior
underworld	ónderuerld	hampa - barrios bajo
undress	ondrés	desvestir - desnudar
unearth	onérz	desenterrar
uneasily	onísili	con ansia- con desasosiego
uneasiness	onísines	intranquilidad - malestar
uneasy	onísi	ansioso - desasosegado
unequal	oníkual	desigual - insuficiente
uneven	oníven	disparejo - irregular
unevenness	onívnes	desigualdad - inconstancia
unexpected	onedspéktit	inesperado - imprevisto
unfair	unféar	injusto
unfaithful	onféizful	infiel
unfasten	onfásen	desatar-desabrochar - aflojar
unfinished	onfínisht	incompleto
unfold	onfóuld	desarrollar - desplegar
unfortunate	onfórchuneit	desafortunado-desventurado
Unfortunately	onfórchunely	desgraciadamente
unfurnished	onfórnisht	desamueblado
unhappy	onjápi	infeliz

Inglés	Pronunciación	Español
unhealthy	onjélzi	enfermizo
unhook	onjúk	desenganchar
unhurt	onjért	ileso
uniform	iúniform	uniforme - armonioso
uniformity	iunifórmiti	uniformidad
unify	iúnifai	unificar - unir
union	iúnion	union
unique	iuník	único - singular
unit	iúnit	unidad
unite	iunáit	unir(se)
united	iúnaited	unido/s
Unites States	iúnaits stéits	Estados Unidos Norteamerica
United States	iúnaited stéits	Estados Unidos
unity	iúniti	unidad - unión
universal	iunivérsal	universal
universe	iúnivers	universo
university	iunivérsiti	universidad
unjust	onyóst	injusto
unkind	onkáind	adusto-descortés - áspero
unknown	onnóun	desconocido-ignoto-incógnito
unless	onlés	a menos que
unlike	onáik	diferente - distinto
unlimited	onlímited	ilimitado
unlock	onlók	abrir una cerradura
unlucky	onlóki	desdichado - desgraciado
unmarried	onmárried	soltero-a - no casado-a
unnatural	onnáchral	afectado - contranatural
unnecessary	onnéseseri	innecesario
unoccupied	onókiupaid	desocupado
unpublished	onpóblisht	inedito - secreto
unquestionable	onkuéschonabol	indisputable - incuestionable
unreal	onríal	irreal
unrest	onrést	inquietud
unroll	onróul	desenrollar - desenvolver
unsafe	onséif	inseguro
unsatisfactory	onsatisfáktori	no satisfactorio
		poco satisfactorio

Inglés	Pronunciación	Español
unselfish	onsélfish	desinteresado
unsettled	onsérold	inquietar - inestable
unshaken	onshéiken	inmovil
unskillful	onskélful	inhábil - desmañado
unsociable	onsóshebol	insociable
unstable	onstéibol	inestable - voluble
unsteady	onstédi	inseguro
untidy	ontáidi	desaliñado - desarreglado
untie	ontái	desatar - desprender
until	óntil	hasta
untiring	ontáiring	incansable
untold	ontóuld	indecible - innumerable
untried	ontráid	virgen - no probado
untrue	ontrú	falso-infiel - mendaz
untruth	ontrúz	falsedad - mentira
unusual	oniúshual	inusitado - insólito
unwilling	onúiling	renuente - reacio
unwise	onuáis	ignorante - imprudente
unwrap	onráp	desenvolver
up	op	hacia arriba - levantar
up-to-date	óptudeit	moderno - al día
uphill	ópjil	cuesta arriba
uphold	opjóuld	sostener - apoyar
upland	ópland	altiplanicie - meseta
uplift	óplift	elevación-edificar - elevar
upon	upón	sobre
upperlip	óperlip	labio superior
uproar	óprrour	tumulto - gritería
upset	opsét	trastornar-tumbar - volcar
upside	ópsaid	parte superior
upstairs	opstérs	arriba - piso de arriba
upturn	óptern	volver hacia arriba
upward	ópuard	arriba - hacia arriba
urban	érban	urbano
urge	erch	urgir-instar - impeler
urgency	úryensi	urgencia
urgent	éryent	urgente

Inglés	Pronunciación	Español
urinate	iúrineit	orinar
urine	iúren	orina
urn	ern	urna
us	os	pronombre (nos-nosotros)
use	iús	usar-uso - desempeño
used	iúsd	pasado (to use)
useful	iúsfol	útil-fructífero - provechoso
usefulness	iúsfulnes	utilidad
useless	iúsles	inútil
usual	iúshual	usual - habitual
usually	iúshuali	normalmente -por lo general
usurer	iúshurer	usurero
usurp	iusérp	usurpar
usury	iúsuri	usura
utensil	iuténsil	utensilio
uterus	iúteros	útero
utilize	iútilais	utilizar

Inglés	Pronunciación	Español
vacancy	vékensi	vacante
vacant	vékent	vacante - vacio
vacate	vekéit	desocupar - dejar vacio
vacation	vakéishon	vacación
vaccinate	váksineit	vacunar
vaccination	vadsinéishon	vacunación
vaccine	vaksín	vacuna
vacillate	vásileit	vacilar
vacuum	vákium	vacío
vague	véig	vago - indefinido
vain	véin	vano
vale	véil	valle - cañada
valentine	válentain	dia de los enamorados
valet	válet	criado - paje
valid	válid	válido
validity	valíditi	validez
valise	valís	valija - maleta
valley	váli	valle
valor	válor	valor - ánimo
valuable	valiuabol	valioso - costoso
valuation	valiuéishon	valuación - valoración
value	váliu	valor
valve	valv	valva - válvula
van	ven	camión
vanilla	vaníla	vainilla
vanish	vánish	desvanecerse- desaparecer
vanity	vániti	vanidad - engreimiento
vanquish	vánkuish	vencer
vantage	vánteich	ventaja - superioridad
vapor	vépor	vapor
variable	váriabol	variable
variation	variéishon	variación - cambio
variety	veráieti	variedad
various	vérios	varios - diferentes
varnish	várnish	barniz
vase	véis	vaso - jarrón
vassal	vásal	vasallo

Inglés	Pronunciación	Español	**V**
vast	**vast**	⟡ vasto - inmenso	
vat	**vat**	tina - tanque	
vaudeville	**vodevil**	vodevil - función de variedades	
vault	**volt**	bóveda-tumba - cueva	
veal	**vil**	ternera	
vegetable	**véshtebol**	⟡vegetal	
vegetables	**véchtabols**	vegetales	
vegetate	**véyeteit**	vegetar	
vehemence	**víjemens**	vehemencia	
vehement	**víjement**	vehemente	
veil	**véil**	velo	
vein	**véin**	⟡vena	
veins	**véins**	venas	
velocity	**velósiti**	velocidad	
velvet	**vélvit**	terciopelo - velludo	
vendor	**véndor**	⟡vendedor	
venerable	**vénerabol**	venerable	
venerate	**vénereit**	venerar	
veneration	**veneréishon**	veneración - respeto	
vengeance	**vényens**	venganza	
venison	**vénesn**	venado	
venom	**vénom**	veneno	
ventilate	**ventiléit**	ventilar	
ventilation	**ventiléishon**	ventilación	
ventilator	**véntileitor**	ventilador	
veranda	**veránda**	galería-terraza - pórtica	
verb	**verb**	verbo	
verdure	**véryur**	verdura	
verify	**verifai**	⟡ verificar - comprobar	
verily	**vérili**	en verdad	
veritable	**véritabol**	verdadero	
Vermont	**vermónt**	estado de U.S.	
verse	**vers**	verso	
version	**vérshon**	⟡versión	
vertical	**vértikal**	vertical	
very	**véri**	muy	

Inglés	Pronunciación	Español
vessel	**vésel**	nave
vest	**vest**	chaleco
vestibule	**véstibiul**	vestibulo
vestige	**véstich**	vestigio
veteran	**veteran**	veterano
veterans	**véterans**	veteranos
Veterinarian	**véterinarien**	Veterinario
veterinary	**véterinari**	veterinario
veto	**vito**	veto - prohibición
via	**váia**	por - por la via de
viand	**váiand**	vianda-carne - comida
vibrant	**váibrant**	vivo - animado - vibrante
vibrate	**váibreit**	vibrar
vibration	**vaibréishon**	vibración - movimiento
vice	**váis**	vice
vice versa	**váisversa**	viceversa
vice-president	**váis-président**	vicepresidente
viceroy	**váisroy**	virrey
vicinity	**visíniti**	cercanía - vecindad
vicious	**víshos**	vicioso - maligno
vicissitude	**visísitiud**	vicistud
victim	**víktim**	victima
victory	**viktori**	victoria
view	**viú**	vista
viewpoint	**viúpoint**	punto de vista
vigilance	**víyilans**	vigilancia
vigilant	**víyilant**	vigilante
vigor	**vígor**	vigor
villa	**víla**	villa - casa de campo
village	**vílech**	aldea
villager	**víleyer**	aldeano
villany	**víleni**	villanía
vim	**vim**	fuerza - vigor
vindicate	**víndikeit**	vindicar - vengar
vine	**váin**	cepa
vinegar	**vínegar**	vinagre
vineyard	**víniard**	viñedo

Inglés	Pronunciación	Español
vintage	víntech	vendimia
violate	váioleit	violar-infringir - quebrantar
violation	vaioléishon	violación
violence	váiolens	violencia
violent	váiolent	violento
violet	váiolet	violeta
violin	vaiolín	violín
violinist	vaiolínist	violinista
viper	váiper	vibora
virgin	véryin	virgen
Virginia	viryínia	Virgnia
virtual	vérchual	virtual
virtue	vértiu	virtud
virtuous	vérchos	virtuoso
visible	vísibol	visisble
vision	víshon	visión - vista
visionary	víshoneri	ilusorio - quimerico
visit	vísit	visita
visited	vísited	visitado - visitar
visiting	vísitin	visitando - visitar
visitor	vísitor	visita - visitante
vital	váital	vital
vitality	vaitáliti	vitalidad
vitamin	váitamin	vitamina
vivacity	vaivásiti	viveza
vivid	vívid	vívido
vocabulary	vokábiuléri	vocabulario
vocal	vócal	vocal - oral
vocation	vocéishon	vocación
vogue	vóug	boga - moda
voice	vóis	voz
voiceless	vóisles	mudo - sin voz
void	vóid	vacío-nulo - inválido
volcanic	volkánik	volcánico
volcano	volkánik	volcán
volt	volt	voltio
voltage	vóultech	voltaje

Inglés	Pronunciación	Español
volume	vólium	volumen-bulto - tomo
voluminous	volúminos	voluminoso - prolijo
volunteer	volontír	ofrecer - contribuir
voluptuous	volópchos	voluptuoso
vomit	vómit	vómito - vomitar
vote	vóut	votar
voting	vóuting	votación
vow	váu	voto - juramento
vowel	váuel	vocal
voyage	vóiech	viaje - travesía
vulgar	vólgar	vulgar-ordinario - grocero
vulture	vólchur	buitre

Inglés	Pronunciación	Español	W
wafer	uéifer	oblea-hostia - barquillo	
wager	uéyor	apuesta - apostar	
wagon	uágon	carro - carreta	
waist	uéist	cintura	
wait	uéit	esperar - espera	
Waiter	uéiter	Camarero	
waiting	uéiting	espera - esperando	
Waitress	uéitres	Camarera	
waive	uéiv	renunciar - repudiar	
wake	uéik	despertar	
wake up	uéik op	despertar	
wakeful	uéikful	desvelado	
wakes	guéiks	despertar	
walk	uók	caminar	
walked	uókt	pasado (to walk)	
walks	uóks	3ra.pers.sing.de(walk) plural de walk	
wall	uól	pared	
wallet	uálet	cartera	
wallpaper		papel de empapelar	
	uólpeipor	papel mural	
walls	uóls	paredes	
wand	úond	varita-vara - varita magica	
wander	uánder	vagar-errar - rondar	
wanderer	uánderer	vago	
want	uánt	querer	
want's	uánts	querer - desearon	
wanted	uánted	pasado (to want)	
wants	uánts	3ra.pers.pres.sing.(to want)	
war	uór	guerra	
ward	úord	pupilo - guardar	
wardrobe	uórdrobe	guardarropa	
wares	úers	articulos - mercancias	
warm	uórm	caliente - calentar	
warn	úorn	avisar-advertir - prevenir	
warning	uórnin	advertencia	
warrant	uórrent	autorización - garantía	

Inglés	Pronunciación	Español
warrior	uórrior	guerrero
warship	uórship	buque de guerra
wart	uórt	verruga
was	uós	1ra.3ra.pers.pas.sing. (to be)
wash	uásh	lavar
washable	uóshabol	lavable
washed	uáshd	lavar-lavarse - fregar
washed-out	uóshd-aut	desteñido - sin fuerzas
washer	uósher	lavadora-máquina de lavar
washing	uóshing	lavado - ropa sucia
Washington	uáshington	Washington
Washintong	uáshinton	capital de USA
wasn't	uásent	contracción (was not)
wasp	úosp	avispa
waste	uéist	gastar-malgastar-derrochar
wasteful	uéistful	gastador - manirroto
watch	uátch	reloj - vigilar
watched	uátched	mirar - observar
watches	uátches	reloj-vigilar - guardia
watching	uáchin	mirando - observando
water	uáter	agua
waterproof	uóterpruf	impermeable hacer impermeable
wave	uéiv	ola - onda
wax	uáx	cera
way	uéi	via
ways	uéis	formas - rutas
We	uí	Nosotros - nosotras
We'll	uíl	Lo haremos
We're	uír	contracción (We are)
weak	uík	débil
weaken	uíken	debilitar
weakness	uíknes	debilidad
wealth	úelz	riqueza - abundancia
weapon	uépon	arma
wear	uéar	usar - llevar puesto

Inglés	Pronunciación	Español
weary	uíri	cansado - fatigado
weasel	úisl	comadreja
weather	uéder	tiempo
web	úeb	tela - membrana
wed	úed	casarse con
		unir en matrimonio
wedding	uéding	nupcias - boda
Wednesday	uénsdei	Miércoles
wee	úi	diminuto - pequeñito
week	uík	semana
weekend	uikénd	fin de semana
weekly	uíkli	semanal-semanalmente
		semanario
weeks	uíks	semanas
weep	úip	llorar
weigh	úei	pesar-ponderar - medir
weight	uéit	peso
weird	úird	extraño - raro
welcome	uélkom	bien venido
weld	úeld	soldar
welfare	úelfer	bienestar - bien
well	uél	bien
well done	uéldon	bien cocido - bien hecho
went	uént	pasado (to go)
were	uér	2da.pers.pas.sing.(to be)
		1ra.2da.3ra.pers.
west	uést	oeste
western	uéstern	occidental
wet	uét	humedo
wetness	uétnes	humedad - mojado
whale	uéol	ballena
what	uát	¿ qué ?
what's	uáts	contracción (what is)
whatever	uadéver	cualquiercosa - lo que sea
wheat	uít	trigo
wheel	uíl	rueda
wheelchair	uilchéar	silla de ruedas

Inglés	Pronunciación	Español	W
when	uén	¿ cuándo ?	
whenever	uenéver	siempre que-cada vez que	
where	uéar	¿ dónde ?	
wherever	ueréver	dondequiera	
whether	uéder	conjunción (si)	
which	uích	cual	
while	uáil	mientras	
whim	úim	capricho - antojo	
whimsical	uímsikol	caprichoso - antojadizo	
whip	uíp	azote	
whirl	úirl	girar	
whiskey	uíski	whiskey	
whisper	uíspor	cuchichear - murmurear	
whistle	uísel	silbar	
white	uáit	blanco	
whittle	uídol	cortar - mondar	
who	jú	¿ quién ?	
whole	jóul	entero - completo	
wholesale	jóilseil	venta al por mayor	
		vender al por mayor	
whom	júm	quien / quienes	
whoop	jup	grito-alarido -insultar a gritos	
whore	jór	prostituta - ramera	
whose	júus	¿ de quién ? -¿de quiénes?	
why	uái	¿ por qué ?	
wick	úik	mecha - pabilo	
wicker	uíker	mimbre	
wide	uáid	ancho	
widen	uáiden	ampliar - dilatar	
widespread	uáidspred	muy extensa - generalizado	
widow	uídou	viuda	
widower	uídwer	viudo	
wife	uáif	esposa	
wife's	uáifs	esposa	
wig	úig	peluca	
wild	uáild	salvaje	
wilderness	uíldernes	desierto - páramo	

Inglés	Pronunciación	Español
will	uíl	verb auxiliar(fut.)
will not	uíl nat	verd auxiliar de modo para negar en futuro
William	uíliam	nombre propio
willing	uíling	bien dispuesto - gustoso
willow	uílou	sauce
win	uín	ganar
wind	uínd	viento
windmill	uíndmil	molina de vientos
window	uíndou	ventana
windpipe	uíndpaip	tráquea - gaznate
windy	uíndi	ventoso
wine	uáin	vino
wing	uíng	ala
wings	uíngs	alas
winner	uíner	ganador - vencedor
winning	uínin	ganando-forma prog. (to win=ganar)
Winter	uínter	Invierno
wipe	uáip	secar-enjuagar - limpiar
wire	uáiar	cable
wireless	uáirles	inalámbrico
wisdom	uísdom	sabiduría - buen criterio
wise	uáis	sabio
wish	uísh	desear - deseo
wished	uísht	pasado (wish)
witch	úitch	hechicera - bruja
with	uíz	con
withdraw	uisdrów	retirar - separar
withdrawal	uizdróul	retirada - retiro
wither	uíder	marchitar
within	uizín	dentro(adv)-dentro de(prep.)
without	uídaut	sin(prep.) - fuera(adv.)
withstand	uiztánd	resistir - aguantar
witness	uítnes	testigo-testimonio-presenciar
wives	uáivs	esposas
wizard	wísard	genio - hombre de ingenio

Inglés	Pronunciación	Español	W
woe	wóu	desgracia - aflicción	
woke	uóuk	pasado de (wake)	
woken	uóuken	part.pasado de (wake)	
wolf	wulf	lobo	
woman	uúman	mujer	
women	uímen	mujeres	
won	uón	pasado (to win)	
won't	uónt	contracción(will not)	
wonder	uónder	maravilla	
wonderful	uánderfol	excelente - maravilloso	
wondering	uónderin	verbo transitivo (wonder) preguntarse	
wood	uúd	madera	
wooden	uúden	de madera - duro	
woodman	uúdman	leñador-habitante del bosque	
woodpecker	uúdpeker	pájaro carpintero	
wool	úul	lana	
word	uérd	palabra	
wore	uóar	pasado de (wear)	
work	uérk	trabajar	
worked	uérkt	pasado (to work)	
worker	uérker	trabajador	
working	uérkin	funcionamiento-forja - trabajo	
workman	uérkman	trabajador	
works	uérks	3ra.pers.pres.sing. (to work)	
world	uérld	mundo	
worm	úerm	gusano-lombriz - oruga	
worn	uórn	part.pasado de(wear)-gastado	
worry	gúorri	preocuparse	
worse	uérs	peor	
worst	uérzt	peor	
worthy	uérzi	digno-valioso -hombre ilustre	
would	uúd	modo condicional(ría)	
would not	uúd nat	no con terminación ría	
wouldn't	uúdent	contracción(would not)	
wound	úund	herida - lesión	
wrap	rap	envolver-enrollar - abrigo	

Inglés	Pronunciación	Español	**X**
wrath	raz	ira - rabia	
wreck	rek	ruina-destrucción - naufragio	
wretch	retch	miserable - infeliz	
wrist	rist	muñeca(de la mano)	
wrists	rists	muñecas(de la mano)	
writ	rit	auto-orden - judicial	
write	ráit	๑ escribir	
writer	ráiter	autor - escritor	
writes	ráits	escribir - componer	
writing	ráitin	escritura	
written	ríten	part.pasado de (write)	
wrong	rong	๑ equivocado - malo	
wrote	róut	pasado (to write)	
X Rays	exréis	rayos X	
xenophobe	senofóub	xenófobo -persona que odia lo extranjero	
xenophobia	senofóubia	xenofobia -odio a lo extranjero o los extranjeros	
xylophone	sáilefon	xilófono - marimba	

Inglés	Pronunciación	Español	**Y**
Yacht	yat	yate-navegar en yate viajar en yate	
Yankee	yánki	yanqui	
yard	yard	patio - yarda	
yawn	ión	bostezar - bostezo	
yea	yea	sí	
year	yíar	año	
yearn	iúren	anhelar-desear vivamente suspirar por	
yearning	iúrning	anhelo	
years	yíars	años	
yeast	iíst	levadura - fermento	
yellow	iélo	amarillo	
yelp	iélp	aullar-ladrar - latir	
yes	iés	sí	
yesterday	iésterdei	ayer	
yet	iét	todavía - aún	
yield	íold	ceder-rendir - producir	
yoke	ióuk	yugo	
yolk	iólk	yema	
yonder	iónder	allá-allí - acullá	
You	iú	Tú-Usted-Ustedes -Vosotros	
you'll	iúl	contración de (you will)	
you're	iúr	contracción (you are)	
young	ióng	joven	
youngster	yángster	jovencito-chiquillo-muchacho	
your	iúar	su-sus-tu-tus-de usted de ustedes	
yours	iúars	suyo-suya-suyas-tuyos-tuyas de usted-de ustedes	
yourself	iúrself	usted mismo	
youth	yuz	juventud	
Yuletide	yúletaid	Navidad	

Inglés	Pronunciación	Español	**Z**
zany	séini	bufón-estrafalario - simplón	
zeal	síol	celo-entusiasmo - fervor	
zealot	sélet	fanático - partidario	
zealous	séles	entusiasta - celoso	
zebra	síbra	cebra	
zenith	sínez	cenit - apogeo	
zeppelin	sépelin	dirigible - zepelín	
zero	zírou	cero	
zest	sest	gusto-sabor - entusiasmo	
Zeus	síus	Zeus	
zigzag	sígsag	serpentear - zigzaguear	
zinc	sink	galvanizar - cinc	
zip code	zíp kóud	codigo postal	
zipper	síper	cierre de cremallera relámpago	
zodiac	sódiak	zodiaco	
zone	zóun	zona	
soning	zóning	zonificación	
zoo	zú	zoologico	
zoological	soolóyical	zoológia	
zoology	soóloyí	zoología	
zoom	zúm	subir de pronto - ascenso	